Julia Torggler

Kopfüber im Dschungel

Irgendwo zwischen Achtsamkeit und Abenteuer

Impressum
Texte: © 2022 Copyright by Julia, Torggler
Umschlag: © 2022 Copyright by Julia, Torggler
Verantwortlich
für den Inhalt: Julia Torggler
julia-torggler.com

Druck: epubli – ein Service der Neopubli GmbH,
Berlin

Über die Autorin

Julia Torggler ist Zirkus-Artistin und Tänzerin. In ihrer Freizeit bereist sie am liebsten ferne Länder mit exotischen Tier- und Pflanzenwelten. Immer mit dabei ist ihr Lieblings-Zirkus-Requisit: das Vertikalseil.

Wenn sie nicht gerade kopfüber an ihrem Seil von einer Palme hängt, beschäftigt sie sich am liebsten mit Yoga und Meditation oder trifft interessante Menschen und lernt neue Kulturen kennen.

Vorbemerkung

Diese Erzählungen basieren auf meinen eigenen Erlebnissen während meiner 3-monatigen Reise durch Costa Rica vom 1. März bis 24. Mai 2022. Viele der Ereignisse habe ich verkürzt zusammengefasst. Alle Orte und Schauplätze meiner Abenteuer sind reale Orte. Um Rücksicht auf die Privatsphäre der beschriebenen Personen zu nehmen, habe ich alle Namen und zum Teil einige Charakterzüge der vorkommenden Akteure verändert. Ähnlichkeiten sind daher unbeabsichtigt.

Diese Geschichte ist meine persönliche Wahrnehmung der erlebten Ereignisse. Ich habe mir größte Mühe gegeben, meine Erfahrungen so authentisch wie möglich wiederzugeben.

Inhalt

Prolog 8

1. Auf geht´s 12
2. Pavones 18
3. Stille 34
4. Abschluss-Feier 44
5. Das Abenteuer beginnt 48
6. Uvita 63
7. Airborne Arts 68
8. Quepos 79
9. Montezuma 84
10. Eine Nacht in der Zivilisation 108
11. Puerto Viejo 110
12. San José 123

Prolog

23. September 2021

Ich sitze am Tisch mit Leandra und vier ihrer Arbeitskollegen. Es ist Leandras Geburtstag und wir haben uns bei ihr zu Kaffee und Kuchen getroffen. Außer mir sind alle aus Leandras Firma. Sie arbeiten im Energie-Consulting. Ich habe keine Ahnung, was das ist.

Mike fängt an zu erzählen: „Also in meiner neuen Stelle arbeite ich jetzt 55 Stunden die Woche. Überstunden nicht mitgezählt natürlich. Ist aber ja auch eine sehr wichtige Position.“ Katharina ergänzt: „Ja, also ich habe jetzt diese neue Stelle in der Außen-Korrespondenz mit Japan. Wegen der Zeitverschiebung fange ich da schon um 6:00 an zu arbeiten, bis 18:00 Uhr natürlich. Aber es ist ja sehr wichtig!“ Und Max trifft schließlich den Höhepunkt: „Also ich stehe ja jetzt um 5:00 Uhr auf! Ich habe ja Übergewicht, deshalb muss ich vor der Arbeit noch joggen. Um 6:00 wecke ich dann die Kinder und mache ihnen Frühstück. Ab 7:30 wird gearbeitet. Bis 17:00 natürlich. Dann habe ich noch diesen anderen Consulting Job. Um 20:00 Uhr komme ich dann nach Hause und habe kurz Zeit mit meiner Frau zu sprechen, über Organisatorisches natürlich. Ab und zu schaffen wir es sogar über private Dinge zu sprechen, aber da fehlt meistens die Zeit.“ Alle nicken ihm verständnisvoll zu und schwenken ihren Blick in meine Richtung.

Bin ich jetzt an der Reihe? Soll ich jetzt einsteigen in dieses Battle von: „Wer hat das stressigste Leben???“

MOMENT

HALT

STOPP

In diesem Moment realisiere ich, dass ich hier nicht mehr reinpasse. Nicht mit mir. Das kann doch nicht sein.

Ich erzähle dann von meinen vergangenen Reisen als Künstlerin auf dem Kreuzfahrtschiff und die vielen verschiedenen Ländern, die ich besucht habe. Ich erzähle von Stränden, Palmen und Sonnenschein und von leckeren Cafés in verschiedene Städten.

Alle blicken mich verständnislos an und ich fühle mich wie ein Alien.

Glücklicherweise kommt in diesem Moment Leandra herein, um den Kuchen mit uns anzuschneiden.

Wo bin ich hier gelandet...

An diesem Abend kann ich sehr lange nicht einschlafen. Nun gut, mein Leben ist sowieso anders als das von den meisten Menschen. Ich habe nie einen „9 to 5 Job“ im Büro gehabt. Ich hatte auch nie eine Festanstellung. Ich habe mein Leben lang als freiberufliche Künstlerin gearbeitet, zuerst als Tänzerin, dann als Artistin und zwischendrin immer wieder als Tanzpädagogin, Trainerin und Coach. Ich hatte tolle Erfahrungen im Theater und auf Tour und verbrachte einige Jahre im Showensemble auf Kreuzfahrtschiffen. Natürlich waren auch weniger tolle Erfahrungen dabei. Aber irgendwie hat es immer geklappt.

Mit Beginn der Pandemie machte ich zum ersten Mal die Erfahrung für längere Zeit an einem Ort zu sein und zu arbeiten. Das Ruhrgebiet, insbesondere die Stadt Essen, sind zu meiner Wahlheimat geworden. Aber ganz oft fühle ich mich in dieser Stadt, in der es oft darum geht, vor allem viel zu tun zu haben, wie von einem anderen Stern. Immer wieder komme ich hier an den Punkt, dass die Menschen um mich herum lieber wählen, sich den ganzen Tag zu stressen, um vermeintlichem Erfolg hinterherzurennen, als das Leben zu genießen. Irgendwie lasse ich mich dann auch davon anstecken. Immer und immer wieder höre ich, ich werde da schon reinfinden. Das ist ganz normal, irgendwann werden wir alle älter und man muss sich den Verpflichtungen des Alltags stellen. Das Leben ist schließlich kein Ponyhof. Das gehört nun mal dazu, dass man oft Arbeiten verrichten muss, die einem gar keinen Spaß machen. Produktivität und Wachstum sind wichtig. Und so weiter und so weiter....

Aber das passt einfach alles überhaupt nicht zu mir. Ich bin fest der Überzeugung, dass wir eigentlich auf der Welt sind, um jeden Moment zu genießen. Immer schon wollte ich einfach nur frei sein und Abenteuer erleben. Sicherheit ist ein Wort, dass mir Angst macht und die

Kehle zuschnürt. Ich glaube immer noch, dass Träume dazu da sind, erfüllt zu werden.

1. Auf geht´s

1. März 2022

4 Monate später sitze ich im Flugzeug nach Costa Rica.

Durch meine Arbeit als Artistin auf dem Kreuzfahrtschiff habe ich schon viele Länder gesehen. Aber keins hat mich je so berührt wie Costa Rica. Die Energie, die Natur und die Menschen dort sind noch so miteinander verbunden.

Irgendwann an dem Abend nach Leandras Geburtstag konnte ich dann doch einschlafen. Als ich am nächsten Morgen aufgewacht bin, war ich plötzlich felsenfest überzeugt: Ich muss nach Costa Rica!

Wie ich da genau drauf gekommen bin im Schlaf, weiß ich bis heute nicht. Aber das ist auch gar nicht mehr so wichtig.

Das war bei mir immer schon so, wenn ich ein Gefühl hatte, dann musste ich dem nachgehen, egal was es kostet.

Gut nun sitze ich also in diesem Flieger nach San José, Hauptstadt Costa Ricas. Drei Tage werde ich dort verbringen, bevor ich weiter Richtung Süden fahre, um in Punta Banco fünf Wochen lang meine Ausbildung zur Yoga-Lehrerin zu machen. Meinen Rückflug habe ich erst in 3 Monaten gebucht. Ich habe ein Visum für maximal 90 Tage bekommen. Also bleibe ich 89 Tage. Ich habe keine Ahnung, was ich dort machen will. Aber genau das fühlt sich so gut an.

Ich merke richtig, wie mit jedem Kilometer, den ich mich von Essen entferne, auch meine Probleme und Bedenken der letzten Tage weniger wichtig werden. Meine Projekte, die jetzt ohne mich weiterlaufen, meine Wohnung, die untervermietet ist, mein Auto, das in der Garage auf mich warten muss und alles, was auch immer ich angeblich zurück gelassen habe ...

Dabei beginnt der Tag mit einigen kleinen Stolperfallen. Das Taxi, dass mich morgens um 4:50 zum Bahnhof bringen soll, wird um 4:49 storniert. In meiner Gegend gibt es eigentlich nie Taxis, aber wie durch ein Wunder ist genau heute um die Uhrzeit eins da, das mich gerade noch rechtzeitig zum Bahnhof bringt. In aller Eile vergesse ich natürlich das Zugticket abzustempeln. Zum Glück fällt es mir noch auf, bevor der Schaffner zu mir kommt und mich beim Schwarzfahren erwischt. Schwarz gefahren wäre ich ja nicht, ich hatte ja extra gestern schon das

Ticket gekauft, nur in der Eile voll vergessen, dass man diese Dinger immer noch abstempeln muss. 2022 sollte das doch alles online gehen. Naja, irgendwie kann ich ihn überzeugen und ich darf weiterfahren.

Mein Flug geht dann über Madrid, nach San José, wo ich nach 13 Stunden endlich ankomme und erst mal eine Stunde in der Schlange stehe, um durch die Passkontrolle zu kommen. Warten und Geduld haben – diese Herausforderungen werden in den nächsten Wochen noch öfter auf mich zukommen.

Als ich aus dem Flughafengebäude rausgehe, geht gerade die Sonne über San José unter und die Stadt ist in goldenes Licht getaucht. Was für eine Begrüßung! Jetzt bin ich angekommen. Ich finde einen supernetten Taxifahrer, der mich ins Hotel bringt. Ich bin voll begeistert, dass ich nach der langen Reise noch so viel Spanisch zusammenkriege, um mit ihm ein Gespräch anzufangen. Er fragt, wo ich herkomme. Als ich antworte: „Aus Deutschland!" ist seine erste Reaktion: „Ah, das ist das Land in dem der Rhein fließt! In welches Meer fließt der nochmal?"

Äh was? Ich war auf alles vorbereitet: Politik, Fußball, Wirtschaft. Aber hier gelten einfach ganz andere Werte. Sofort merke ich, wie begrenzt ich in meinem deutschen Denken manchmal bin und so auf die Schnelle fällt mir auch nicht ein, dass der Rhein in die Nordsee mündet.

Ich komme im Hotel an und schlafe wie ein Baby. Ich bin schon sehr gespannt was mich die nächsten Tage erwartet.

2. März 2022

Natürlich bin ich um 4:30 wach. Ich habe keine Ahnung, ob es am Jetlag liegt oder ob es zu laut ist oder ob ich einfach zu aufgeregt bin.

Ich schlafe in einem 4-Bett Zimmer. Selina ist ein ziemlich fancy Hostel, in dem es wirklich alles gibt, was man sich für ein paar Tage in der Stadt wünschen kann. Ich gehe erst mal auf die Dachterrasse. Es ist noch stockdunkel. Von der Terrasse aus sehe ich weit über die Stadt und erblicke im Norden und Süden die Berge. San José liegt im Tal dazwischen. Ich breite meine Yogamatte aus und versuche erst mal in meinen Körper zurückzufinden. Das klappt besser, als ich gedacht hatte. Plötzlich geht dann gegen 5:15 auch die Sonne auf und die Stadt erwacht zum Leben. Das geht hier ganz schnell, da es keine lange Dämmerung gibt. Die Autos hupen schon in voller Lautstärke. Um 6:00 gehe ich runter in den Gemeinschaftsraum und hole mir Frühstück: Leckeren Kaffee und Pancakes mit frischen Mangos und Papaya. Jetzt geht es mir richtig gut. Ich fühle mich plötzlich so frei. Ich logge mich ins W-lan des Hostels ein und schreibe meiner Freundin Lina aus Hamburg eine WhatsApp: „Jetzt bin ich da, wo ich hingehöre." Und so fühlt es sich auch an.

4. März 2022

Die ersten drei Tage vergehen wie im Flug. Ich gehe immer wieder in die Stadt, um Besorgungen zu machen. Ich bin ganz stolz darauf, dass ich Lebensmittel und andere kleine Dinge direkt auf Spanisch erfragen kann. Sogar eine costa-ricanische Sim-Karte hole ich mir mit meinem gebrochenen Kenntnissen dieser doch so schönen Sprache. Ohne es zu wissen, habe ich mir das Hostel in der perfekten Lage ausgesucht. Ich brauche etwa zwanzig Minuten bis Downtown und etwa eine halbe Stunde zum Mercado. Dort halte ich es aber meistens nicht lange aus. Die vielen Gerüche, bunten Farben und herumschreienden Menschen beeindrucken mich, werden mir aber auch schnell zu viel. Nicht weit vom Hostel, in die andere Richtung, liegt Barrio Escalante, ein sehr hippes Stadtviertel mit vielen bunten Cafés und Restaurants. Und wie könnte es anders sein: Dort liegt auch die größte Luftartistik Schule des Landes. Natürlich gehe ich da hin! Und wie der Zufall so will, findet gerade heute dort ein Workshop statt mit einer Künstlerin aus

Irland, die ich schon seit langer Zeit verfolge. Es ist noch ein Platz frei und ich bin natürlich dabei. Ich lerne schon jetzt so viele interessante Menschen kennen und weiß, dass ich auf jeden Fall nach meiner Yoga-Lehrerausbildung nochmal hier her kommen möchte zum Trainieren und mehr Zeit mit diesen Menschen zu verbringen.

Außer Frühstück, das ja im Zimmerpreis inbegriffen ist, habe ich eigentlich keine Zeit, um mal was Vernünftiges zu essen. Aber ich bleibe fast an jedem Stand stehen und hole mir frische Mangos, Papayas und Avocados. Die schmecken komplett anders, als ich das aus Deutschland kenne.

Heute Abend versuche ich früher ins Bett zu gehen. Immerhin geht morgen die Reise weiter nach Punta Banco zur Yoga-Ausbildung. Aber ich lerne auch im Hostel immer wieder neue Menschen kennen und verquatsche mich mal wieder. Ich habe jetzt schon von so vielen Orten gehört, wo ich unbedingt noch hin möchte in diesem Land.

2. Pavones

5. März 2022

Das Shuttle kommt um 5:30, um uns alle abzuholen und nach Punta Banco zur Tiskita Lodge für die fünf Wochen Yoga-Ausbildung zu bringen. Geschlafen habe ich sowieso seit 4:00 Uhr nicht, also ist 5:30 ganz entspannt. Auch wenn die Strecke gar nicht so lang ist, wird die Fahrt mindestens acht Stunden dauern. Die Straßen sind noch nicht überall im Land ausgebaut und ganz so auf Zack sieht dieser Shuttle-Bus auch nicht aus.

Juan ist unser Fahrer und begrüßt uns mit „Pura Vida alle zusammen.“ Er ist sehr hilfsbereit und verstaut unser ganzes Gepäck im Kofferraum, auf dem Dach und überall, wo halt Platz ist. Ich bin fest davon überzeugt, dass wir das höchstzulässige Ladegewicht für diesen Wagen schon weit überschritten haben, aber daran gewöhne ich mich besser schnell.

Endlich lerne ich die Gruppe kennen, mit der ich die nächsten fünf Wochen verbringen werde. Zwölf Frauen mit zwölf unterschiedlichen Geschichten. Die nächsten Stunden verbringen wir damit, uns kennenzulernen, unsere Yoga-Erfahrungen auszutauschen und unsere Erwartungen an die Ausbildung zu vergleichen.

Morgana, Bea, Trixi und Katelyn kommen aus den USA.

Anita kommt aus Polen, ist aber schon die letzten paar Monate in Lateinamerika unterwegs gewesen. Sie hat die letzten zehn Jahre als Anwältin gearbeitet und irgendwann ihren Job an den Nagel gehangen, ihr Haus verkauft und ist Hals über Kopf ihrem Yoga-Weg gefolgt. Dies ist schon ihre dritte Yoga-Ausbildung in den letzten Monaten.

Bea wurde in Indien geboren, lebt aber in den USA und ist Ärztin, sie hat eigentlich gar nicht viel mit Yoga am Hut, aber wollte das immer schon mal ausprobieren.

Daria, aus Kanada, ist Full-Time Mutti und möchte sich vor allem auf Kinder Yoga spezialisieren.

Lea, aus Deutschland, ist ebenfalls Ärztin, Dermatologin. Sie will auch ihren Job an den Nagel hängen, sich nach der Ausbildung einen Van kaufen und durch Europa touren.

Marianne kommt aus Dänemark und ist Psychologin. Sie führt schon seit Jahren ihre eigenen Yoga Retreats in Schweden und möchte hier noch tiefer in die Philosophie des Yoga eintauchen.

Sara kommt aus Israel und ist mit 56 Jahren die Älteste in unserer Gruppe. Aber schon auf den ersten Blick sehen wir, dass sie absolut auch die fitteste von uns ist. Sie war jahrelang Head of Management bei einem internationalen Konzern und hat nun ihr eigenes Yogastudio in den Staaten. Sie verfügt über ein unglaubliches Wissen über die Philosophien und Lehren der jahrtausende-alten

Traditionen. Fast frage ich mich, wozu sie jetzt noch eine Ausbildung braucht.

Bunter könnte unsere Gruppe nicht sein. Aber das genau macht es ja auch aus.

Als ich an der Reihe bin mich vorzustellen, weiß ich gar nicht so recht was ich sagen soll: „Ich bin Julia...." kriege ich gerade noch hin. „Ich mache Zirkus und Tanz und eigentlich bin ich auf der Suche nach Freiheit." Alle lachen und wir freuen uns gemeinsam auf die nächste Zeit.

Unser Fahrer Juan ist großartig. Er weiß zu jeder Palme und jedem Stein, an dem wir vorbeifahren, eine Geschichte. Er bringt uns immer wieder zum Lachen und stoppt an den leckersten Cafés und Restaurants. Wir bleiben an einer großen Brücke stehen und Juan zeigt uns die riesigen Krokodile, die da im Wasser schwimmen. Insgesamt zählen wir zwölf der mächtigen Tiere, die scheinbar ganz friedlich im Wasser treiben. Wir stellen uns vor, wie viele von uns wohl in ein Krokodil hineinpassen würden. Ein Glück, dass die Brücke so hoch ist.

Irgendwann nach sieben Stunden ist die ausgebaute Straße zu Ende. Es sind aber auch nur noch dreißig Kilometer. Aber dass die nochmal zweieinhalb Stunden dauern, haben wir nicht erwartet. Die Straße ist nur noch ein Schotterweg. Der überladene Shuttlebus schüttelt uns ganz schön durch und irgendwann ist auch noch die Straße gesperrt und wir nehmen einen Weg durch den Wald. Mittlerweile sind wir alle durchgeschwitzt und erschöpft. Es fühlt sich an wie eine Achterbahnfahrt, die seit fast neun Stunden geht.

Doch je weiter wir von der Zivilisation wegkommen, desto eindrucksvoller ist die Natur. Die Bäume umringen die Straße und strahlen in allen möglichen Grüntönen. Durch die geöffneten Fenster hören wir die Geräusche der Tiere, das Affengebrüll, das Zirpen der Grillen und die vielen unterschiedlichen Vogelgesänge.

Das Meer ist jetzt direkt neben der Straße. Die Wellen preschen auf die Felsen an der Küste und der Wind wirbelt uns um die Ohren. Wir sind alle kaputt, und mit Eindrücken überladen und gleichzeitig überglücklich und gespannt.

Nach einer gefühlten Ewigkeit sind wir endlich am Ziel.

„Tiskita Jungle Lodge" steht am Eingang der auf den ersten Blick unscheinbar wirkenden Rezeption.

Alexa und Ingo begrüßen uns und nehmen uns unsere Koffer ab. Die Beiden sind Deutsche. Sie verbringen zwei Monate hier und helfen im Resort aus. Erstmal bekommen wir eine kleine Erfrischung und dann auch direkt eine Einführung von Mariso, dem Naturguide.

„Nachts keine offenen Schuhe und nur mit Taschenlampe, wegen der Schlangen. Wenn dich dennoch eine Schlange beißt, mach ein Foto von ihr, damit wir sie identifizieren können wegen dem Gegengift.

Die roten Frösche nicht anfassen, die sind auch giftig.

Die Affen bitte nicht füttern, sonst kriegen wir die nie wieder von den Balkonen."

Dann bekommen wir noch eine Demonstration, wie Spinnen und Skorpione am besten einzufangen sind. „Eure Badezimmer sind offen, ihr müsst also entweder lernen die Viecher einzufangen, oder ihr duscht mit ihnen."

Niemand von uns bekommt ein Wort heraus.

Anschließend werden wir auf die Zimmer geführt. Zimmer ist der falsche Ausdruck. Jede Unterkunft ist ein eigenes Häuschen im Abstand von mindestens fünf Minuten Fußmarsch durch den Dschungel. Alle Häuschen haben Meerblick. Es gibt Einzel-, Doppel- und Drei-Bett Zimmer. Ich teile mein Zimmer mit Anita und Katelyn.

Auf dem Balkon hängt eine Hängematte. Mariso hat nicht zu viel versprochen. Direkt davor steht ein großer Baum in dem sieben Weißkopf-Äffchen sitzen und uns neugierig anschauen. Allerdings sind die an Menschen wesentlich mehr gewöhnt, als wir an Affen.

Mariso zeigt uns noch den Pool und die Gemeinschaftsbereiche. „Die Kühlschränke sind voll mit

Kokosnüssen, da könnt ihr euch bedienen." sagt er und erntet dafür schon den ersten Applaus.

Abgesehen von den Schlafbereichen gibt es keinen einzigen Raum, der Wände hat. Nicht mal die Badezimmer. Die Dusche ist sogar komplett unter freiem Himmel. Alles ist draußen - mitten im Dschungel.

Viel Zeit haben wir nicht zum Auspacken, denn gleich beginnt unsere Eröffnungszeremonie.

Mariso führt uns zum Yoga-Deck und uns klappt allen zwölf gleichzeitig die Kinnlade runter. Die Aussicht ist spektakulär. Hoch über den Bäumen des Dschungels sehen wir weit aufs offene Meer hinaus, wo gerade die Sonne untergeht und den Himmel in alle Farben von gelb bis orange, rot und rosa taucht.

Mitten auf dem Deck ist ein großes Mandala aus Blumen, Kerzen und Steinen. Drumherum ein Kreis aus Kissen, für jede von uns eins. Es duftet herrlich nach Räucherstäbchen. Wir setzen uns in den Kreis. Unsere Lehrerinnen Antonia und Sabine begrüßen uns. Gemeinsam singen wir Mantras und stimmen uns auf die nächsten Wochen ein.

Zum Abschluss gibt es ein Drei-Gänge-Menü zum Abendessen mit leckeren Früchten und Zutaten aus der Gegend. Natürlich alles vegetarisch, ganz nach yogischem Brauch. Auch Alkohol und glutenhaltige Nahrungsmittel werden wir die nächsten fünf Wochen nicht im Speiseplan entdecken.

Unsere Köchin Juliett ist auch Yogalehrerein und kommt aus Kanada. Sie wird uns die nächsten Wochen mit ihren Kreationen verwöhnen.

13. März 2022

Die ersten Tage vergehen so schnell, dass ich fast gar nicht hinterherkomme. Wir haben einen strikten Stundenplan. Immerhin müssen wir in fünf Wochen 300 Stunden Unterricht bekommen. Morgens von 6:30 bis 8:30 gibt es Yoga Unterricht. Danach frühstücken wir und haben direkt im Anschluss drei Stunden Philosophie Unterricht. Ich sauge die Informationen auf wie ein Schwamm. Es ist unglaublich spannend, wie die Yogis vor 6000 Jahren schon darauf gekommen sind, wie wir unseren Körper und unseren Geist durch bestimmte Praktiken beruhigen können. Ein Wissen, dass bis heute angewandt wird. Auch wenn es erst seit etwa 100 bis 150 Jahren einer breiten Masse zugänglich ist. Davor war Yoga nur der obersten Schicht und ausschließlich Männern vorbehalten.

Das kann ich mir heute gar nicht mehr vorstellen, die meisten Yoga-Klassen bestehen ja doch immer zu 99% aus weiblichen Teilnehmerinnen.

Nach dem Mittagessen bekommen wir meist eine kleine Pause und gehen zum Strand, machen einen Spaziergang durch den Dschungel oder kühlen uns im Pool ab. Nachmittags haben wir nochmals zwei bis drei Stunden Unterricht, entweder Praxis oder Theorie.

Die Tage sind vollgepackt. Es bleibt eigentlich überhaupt keine Zeit, über irgendetwas nachzudenken. Der Kurs, die Essenszeiten und der Tagesablauf sind perfekt durchstrukturiert. Das Einzige, worauf wir uns konzentrieren müssen, ist so viel wie möglich von dem neuen Wissen im Kopf und im Körper zu behalten.

16. März 2022

Jeden zweiten oder dritten Tag schleiche ich mich in der Mittagspause davon und gehe an den Strand zum Trainieren. Mittlerweile habe ich schon ein paar Palmen ausprobiert und bin zum Entschluss gekommen, Palmen sind nicht wirklich geeignet für Luftartisten. Am einfachsten lässt sich mein Vertikalseil an einem ganz bestimmten Mandelbaum aufhängen. Ich kann es ja doch nicht lassen. Ich bin nun mal ein Zirkuskind und auch wenn das Yoga-Training sehr gut für den Körper ist, vermisse ich es, an meinem Seil zu hängen und den Boden nicht mehr unter den Füßen zu spüren.

Ganz so einfach ist das aber auch nicht. Ich merke, ich habe doch viel mehr Übung, an einem Seil hochzuklettern, als an einem Baum. Meistens ist es außerdem extrem heiß am Strand und der Sand klebt überall an meiner Haut und scheuert sie auf, wenn ich mich im Baumwollseil einwickle. Aber das nehme ich gerne in Kauf. Das Training am Strand, völlig unbeobachtet, gibt mir ein großartiges Freiheitsgefühl.

Manchmal komme ich auch in komische Situationen. Einmal fällt keine zwei Meter neben mir eine Kokosnuss von der Palme. Hätte die mich am Kopf getroffen, wäre das mein letztes Training gewesen. Ein anderes Mal traue ich mich fast nicht mehr vom Baum, als ich das Seil wieder löse. Denn am Fuße des Stammes sitzt ein riesiger Leguan. Die sind zwar nicht aggressiv, aber ich will es trotzdem nicht riskieren und seine Mittagsruhe stören.

Ab und zu vergesse ich beim Training am Strand auch völlig die Zeit und komme fast zu spät zum Unterricht.

Nichts desto trotz passiert in meinem Training ein ganz spannender Prozess. Wir sprechen im Unterricht viel über „Anklammern, und krampfhaft versuchen" und wie wir uns durch Meditation davon lösen können.

Ich habe nicht viele materielle Dinge, an denen ich klammere, aber mein regelmäßiges Training gehört definitiv dazu. Wenn ich zwei Tage lang nicht meine schwierigsten Tricks übe, kriege ich eigentlich schon Panik, dass ich sie vielleicht nicht mehr kann.

Hier geht das aber manchmal nicht. Entweder gibt der Tag nicht genug Zeit her oder der Mandelbaum ist dann doch nicht hoch und stabil genug für bestimmte Tricks. Und anstatt die ganze Zeit zu üben, fange ich an einfach mit dem Seil zu spielen. Das Rauschen des Meeres inspiriert mich und ich improvisiere so vor mich hin. Ohne es zu merken, kreiere ich neue Figuren und als ich mir später die Videos meines Trainings anschaue, merke ich, dass einige der neue erfundenen Elemente genau die Tricks sind, die ich seit langer Zeit auf meiner Wunschliste hatte.

Was alles funktioniert, wenn man plötzlich die Kontrolle abgibt...

18. März 2022

Ich weiß gar nicht mehr welcher Tag heute ist, die Zeit vergeht so schnell. Ich habe schon zwei Geburtstage verpasst und auch eine Steuerfrist. Aber so egal war mir das noch nie.

Anita, Katelyn und ich haben nun einen guten Rhythmus in unserer gemeinsamen Schlafunterkunft. Mittlerweile sind wir Profis in Skorpione einfangen. Abends nach dem Abendessen ist unser erster Weg ins Badezimmer, um zu sehen, welches Tier wir heute retten. Wir haben uns fest vorgenommen, niemals ein Tier zu töten, wenn es auch die Möglichkeit gibt, es zurück in den Dschungel zu bringen. Auf der Kommode neben dem Bad liegt schon eine Liste mit Tagen und Tieren. Da steht zum Beispiel: „Dienstag - Riesenspinne“ oder „Freitag – Frosch und Skorpion“. Da das Bad keine Wände hat, ist es für die Tiere sehr verlockend sich in einem sauberen, feuchtwarmen Unterschlupf zu verkriechen.

Unsere Taktik ist makellos: Anita hält den Eimer fest und bedeckt das Tier damit. Ich nehme das Skript des Unterrichts - das eignet sich nun mal am besten - und halte es neben den Eimer an die Wand oder Decke. Anita manövriert den Eimer zum Manuskript, so dass ein geschlossenes System entsteht. Katelyn hält dabei die Taschenlampe auf das Tier gerichtet und gibt uns Anweisungen: „Noch ein bisschen höher, weiter nach rechts!“ Sobald das Tier im Eimer ist, kippen wir diesen um und bringen ihn raus auf den Balkon und lassen das Tier frei in den Dschungel.

Meistens klappt das. Manchmal entscheiden die Tiere aber auch lieber im Eimer zu bleiben oder direkt wieder zurück zu ins Zimmer zu kriechen.

Eidechsen und Salamander dürfen im Zimmer bleiben, das sind zu viele und außerdem kann man die schlecht einfangen. Alles andere muss raus.

20. März 2022

Wir kommen abends nach dem Unterricht zurück in unsere Unterkunft und sind schon gespannt welche Tiere es heute im Bad gibt. Doch heute hören wir ein Geräusch, dass wir noch gar nicht kennen. Ein Klopfen und Scharren in der Wand. Wir gehen dem nach und Anita entdeckt plötzlich etwas langes Dünnes an der Wand.

Erst sind wir verunsichert. Ist das etwa eine Schlange? Aber dann verstehen wir, dass es der Schwanz von etwas anderem ist. Eine Maus hat sich eine Höhle zwischen Wand und Balkontür gebaut. Maus kann man es nicht nennen. Es hat eher die Größe einer Ratte. Aber die hellbraune Farbe ihres Fells und die niedlich abstehenden Ohren lassen es eher wie eine Maus aussehen- nur halt in Übergröße. Aber groß ist hier sowieso alles.

Die Wohnung der Maus ist praktisch direkt über meinem Bett. Na Bravo. Das erklärt auch die ganzen schwarzen Brösel auf meinem Bett – Mäusekacke. Lecker.

Okay. Gemeinsam schieben wir mein Bett in die Mitte des Raumes. Mir macht die Maus nicht so viel aus, die wird uns schon nicht fressen. Aber Anita kann und möchte auf keinen Fall mit ihr im Zimmer schlafen.

Aber die Maus sitzt nun auch tief in ihrer Höhle. Wie sollen wir die da rausbekommen? Katelyn schlägt vor, uns zumindest mit ihr anzufreunden. Wir geben ihr einen Namen und nennen sie „Lindsey“. Heute im Yoga-Unterricht haben wir geübt, uns in die Lage anderer zu versetzen, ohne diejenigen dabei zu beurteilen. Das üben wir gleich mal mit Lindsey. Da wird uns auch schnell klar, dass Lindsey wahrscheinlich noch mehr Angst hat als wir. Und wenn wir Lindsey rausschmeißen, wird sie wahrscheinlich heute Nacht noch als Schlangenfutter oder ähnliches enden. Vielleicht wird Lindsey auch bald Mutter und braucht daher ein sicheres Versteck für ihren Nachwuchs.

Wir beschließen, die Höhle für heute mit einem Handtuch zuzustopfen und morgen um Hilfe zu fragen.

21. März 2022

Als wir morgens aufwachen, liegt das Handtuch am Boden. Das hat ja prima geklappt. Ob die Maus noch da ist? Gleich nach dem Frühstück sagen wir Ingo Bescheid. Seine Reaktion ist nur: „Och, schon wieder eine Maus. Ich werde das Mauseloch zunageln." Okay, es scheint als wäre das ein bekanntes Problem mit bekannter Lösung. Wir fühlen uns erleichtert. Den ganzen Tag denken wir nicht an Lindsey und kümmern uns um unseren Unterricht. Heute steht gewaltfreie Kommunikation und achtsames Miteinander auf dem Plan.

Abends als wir zurück kommen sehen wir, dass Ingo ein Brett an die Wand genagelt hat, und somit das Mauseloch verschlossen ist. Wir bekommen direkt schlechtes Gewissen, Lindsey kann jetzt ja gar nicht mehr in ihr sicheres Versteck! Was wird aus ihren Babys? Und wird sie draußen überhaupt überleben?

Dann hören wir plötzlich das bekannte Klopfen und Scharren. Uns wird klar, dass das Mauseloch zwar zu ist, aber Lindsey keineswegs draußen im Freien ist.

Sie ist in der Wand eingesperrt! Wir schauen uns an und plötzlich fühlen wir uns richtig schlecht. Haben wir doch heute den ganzen Tag darüber gesprochen unser Ego beiseite zu lassen und uns um die Bedürfnisse anderer zu kümmern. Und jetzt muss die arme Lindsey in der Wand sitzen, nur weil wir nicht wollten, dass es klopf und scharrt. Das Geräusch wird lauter und lauter. Die arme Maus hat noch nicht mal was zu trinken. Ich schlage vor, das Brett wieder von der Wand zu brechen. Aber Anita hat recht. Selbst wenn, würde Lindsey ja jetzt nicht rauskommen und freiwillig in den Dschungel zurückziehen. Wir wissen, dass es nur eine Maus ist, aber innerlich frisst es uns auf, weil wir genau heute darüber gesprochen haben, wie achtlos wir oft mit den Bedürfnissen anderer umgehen, wenn uns etwas stört.

Ich kann die ganze Nacht nicht schlafen. Lindsey kratzt und pocht und quiekt. Mitten in der Nacht, als Katelyn kurz zum Bad geht, müssen wir auch noch schnell einen Skorpion entfernen. Als ich dann doch einschlafe, träume ich nur wirres Zeug.

22. März 2022

Heute bin ich ganz schön durcheinander. Wir sprechen heute im Unterricht über die Balance im Leben, dass vieles gehen muss, um Platz für anderes zu machen. Aber das Lindsey gehen musste, will trotzdem nicht in meinen Kopf. Ich versuche mich auf andere Dinge zu konzentrieren. Die Yoga-Klasse hilft mehr bei mir selbst anzukommen und mich auf meinen Atem zu konzentrieren.

Außerdem ist heute Vollmond und wir machen abends ein Lagerfeuer am Strand und verbrennen im Feuer unsere Ängste. Naja, wie passend. Es gibt Tage, da ist mir dieser ganze Hokuspokus zu spirituell.

Aber irgendwann schaffe ich es doch, mich darauf einzulassen. Wir sammeln Blumen und schmücken unsere Haare damit. Alles wird für die Zeremonie vorbereitet. Wir schreiben kleine Zettel, die wir später ins Feuer werfen wollen. Heute ist besonders viel los im Dschungel. Die Affen springen wie verrückt von Baum zu Baum und scheinen heute besonders neugierig zu sein. Zwei große rote Aras landen am Mandelbaum über uns. Lea bekommt fast eine Mandelschale auf den Kopf geworfen, als das große Tier dabei ist die Schale aufzubrechen, um sein Mittagessen rauszubekommen. Zahlreiche Schmetterlinge in allen Farben fliegen umher und als wir zum Strand runtergehen, müssen wir aufpassen, wo wir hintreten, so viele Einsiedlerkrebse sind unterwegs. Die

Muster, die sie im Sand mit ihren Sandkügelchen zeichnen, sind einzigartig.

Das Lagerfeuer ist riesig und der Mond scheint hell durch die Wolken. Wir singen Mantras und werfen unsere Zettelchen ins Feuer. Das Meer ist ganz weit draußen, die Ebbe legt viele Meter Sandbank frei. Natürlich müssen wir das ausnutzen und schwimmen gehen.

Am Himmel das Licht des Mondes, am Strand das Licht des Feuers und in uns scheint auch ein kleines Licht aufzugehen.

Ich fühle mich plötzlich sehr wohl in dieser Gruppe von Frauen, die ich alle noch gar nicht so lange kenne. Wir geben uns gegenseitig so viel Platz und respektieren einander. Jede von uns ist so unterschiedlich und gerade das macht es so interessant.

Das Wasser ist angenehm warm und die Krebse kitzeln an unseren Zehen. Wir bleiben noch eine Weile am Feuer sitzen und nach und nach verabschieden wir uns. Schließlich haben wir am nächsten Morgen um 6:30 wieder Yoga.

Als wir zurück in die Unterkunft kommen, ist es ganz still. Kein Klopfen. Kein Scharren. Aber irgendwie kann ich jetzt akzeptieren, dass das der Lauf der Dinge ist.

3. Stille

27. März 2022

Heute ist Silent-Day. Also ein ganzer Tag in der Stille. Wir haben schon viel über diesen Tag gesprochen und uns darauf vorbereitet. Wir dürfen den ganzen Tag nicht miteinander sprechen, nicht lesen, nicht schreiben, keine Aktivitäten machen – sondern nur „Sein". Unsere Handys müssen wir abgeben und werden sie erst am nächsten Morgen wieder bekommen. Schon seit Tagen haben alle ein mulmiges Gefühl und viel Respekt vor diesem Tag. Den ganzen Tag nicht sprechen klingt für mich nicht so schwer, aber nichts Aktives machen, also kein Training, kein großer Spaziergang, nichts lesen, nichts schreiben.... Hmmm. Und noch dazu sind wir ja trotzdem alle zusammen. Wir dürfen uns ja nicht mal „Guten Morgen" sagen. Aber ich versuche gespannt in den Tag zu gehen und einfach mal zu schauen, was dabei passiert. Dabei ahne ich noch gar nicht, wie wertvoll dieser Tag am Ende sein wird.

Wir treffen uns wie gewohnt um 6:30 am Yoga-Deck. Heute gibt es keine angeleitete Yoga-Klasse. Dafür machen wir 108 Sonnengrüße, jede in ihrem Tempo, unterteilt in vier Blöcke von jeweils 27.

Ich glaube ich habe im Leben noch keine 27 Sonnengrüße an einem Tag gemacht, geschweige denn 108. Wir dürfen sie unserem Level anpassen und wenn es gar nicht mehr geht, den Rest der Zeit in Meditation verbringen. Aber ich habe beschlossen alles zu geben, schließlich wird das die einzige erlaubte Aktivität des heutigen Tages!

Das Klingeln einer kleinen Glocke kündigt den Start der jeweiligen Runde an. Am Anfang brauche ich ein bisschen, bis ich in die Gänge komme. Immerhin haben wir ja nicht mal ein richtiges Aufwärmen gemacht. Aber nach dem vierten Sonnengruß läuft es. Die körperliche Anstrengung ist nicht das Problem, überhaupt nicht. Aber das mitzählen. Ich komme ständig durcheinander, bin ich jetzt bei Sonnengruß Nummer sieben oder schon acht? Ständig schweifen meine Gedanken ab, ich denke an alles Mögliche: die Affen, das Meer, meine Projekte zu Hause, vergessene Geburtstage, Steuern,... nur nicht an den aktuellen Sonnengruß. Nach der ersten Runde weiß ich nicht, ob ich jetzt 27 oder 28 oder vielleicht auch nur 25 Sonnengrüße gemacht habe. Mein Körper fühlt sich gut und aktiviert an, aber mein Kopf ist ziemlich verwirrt.

Wir machen zehn Minuten Pause in Stille und dann klingelt wieder das kleine Glöckchen. Runde Zwei ist noch schlimmer, ich kann mich überhaupt nicht auf die Zahlen konzentrieren. Das funktioniert gar nicht. Alles kommt in mir hoch, während ich die Sonnengrüße mache. Habe ich gestern abend überhaupt meine Zähne richtig geputzt? Und eigentlich sollte ich mich ja mal wieder bei der und der Freundin melden. Gibt es noch Rechnungen, die ich bezahlen muss? Wie wohl das Wetter in Deutschland gerade ist?

Nach der zweiten Runde bin ich ziemlich frustriert. Und jetzt soll das noch zwei Runden lang so weitergehen?

Ich versuche Runde Drei mit einem anderen Ansatz. Ich zähle jetzt meine Atemzüge: Einatmen – Arme hoch, Ausatmen – Vorwärtsbeuge, Einatmen – Liegestütz, Ausatmen - tief sinken, und so weiter. Im Kopf kreiere ich dazu eine kleine Melodie und so wird aus der ganzen Sache fast eine Art Choreographie. Das Yoga Deck ist plötzlich meine Bühne und ich fühle mich fast wie in einer Show. Ich genieße die Bewegungen und weiß plötzlich ganz genau, bei welcher Wiederholung ich bin.

Runde Drei ist geschafft und die zehn Minuten Pause tun sehr gut. Ich freue mich richtig auf Runde Nummer Vier. Das Glöckchen klingelt wieder und wir beginnen die letzte Runde. Mein Körper ist zwar müde, aber dank der Melodie in meinem Kopf kann ich die Energie in meinem Körper richtig fühlen. Jetzt bin ich fast traurig, dass die vierte Runde so schnell rumgeht. Diesmal bin ich mir ziemlich sicher, genau 27 Wiederholungen geschafft zu haben.

Insgesamt waren es 108 Sonnengrüße. Oder 110, oder 106, wer weiß das schon. Wir verbringen noch zehn Minuten in der Stille bis zum Frühstück. Diese nutze ich, um nochmal darüber nachzudenken, was gerade passiert ist und plötzlich wird mir klar, dass ich in Runde Drei und Vier eigentlich gar nichts anderes gemacht habe als in Runde Eins und Zwei – nur mein Ansatz war anders. Mir wird plötzlich bewusst, dass ich es ja völlig selbst in der Hand habe, ob meine Erfahrungen gut oder schlecht sind. Wenn das so ist, kann ich mich ja jetzt auch dazu entscheiden, dass der ganze Silent-Day keine herausfordernde, sondern eine beruhigende Angelegenheit wird.

Das Frühstück ist aber dann doch schon die erste Herausforderung. Zu Hause ist das gar kein Problem, beim Frühstück nicht zu sprechen. Ich lebe allein in meiner Wohnung und die einzigen, mit denen ich mich morgens unterhalten könnte, sind die Vögel auf dem Baum im Garten.

Aber jetzt hier mit zwölf anderen Frauen, die alle auch die ganze Zeit nur denken: „Ich darf nichts sagen, bloß nicht sprechen!" ist das etwas ganz anderes. Am schwierigsten ist es, die reflexartigen Antworten zu unterdrücken. Zum Beispiel wenn man sich aus Versehen anrempelt und automatisch „Entschuldigung" sagen will. Wir vermeiden so gut es geht den Augenkontakt, denn das würde es noch schwieriger machen.

Aber das Ganze hat irgendwie auch etwas Leichtes.

Den Rest des Tages verbringen wir im Wechsel mit Meditation und Ruhepausen.

Vor den Meditationsübungen haben wir alle schon die ganzen letzten Tage ein bisschen Schiss. Wir alle lieben die morgendlichen 20 Minuten Meditation in Ruhe. Aber heute stehen fünfmal 45 Minuten auf dem Programm. Und zwischendrin ist ja auch Stille angesagt.

Die erste Session startet. Nach den 108 Sonnengrüßen ist es gar nicht so einfach eine geeignete Position zu finden, die sich bequem anfühlt und in der ich die nächsten 45 Minuten bleiben kann, ohne mich zu bewegen. Meditation wird hier ausschließlich im Schneidersitz auf dem Boden praktiziert, also nix mit bequem hinlegen oder so.

Wir werden die ersten Minuten liebevoll angeleitet und irgendwann schaffe ich es auch, meinen Körper zu beruhigen. Aber mein Kopf ist noch gar nicht auf Meditation eingestellt und nimmt jetzt wieder voll Fahrt auf und kehrt zurück zu all den Fragen, die ich mir schon während der zweiten Runde Sonnengrüße gestellt habe. Habe ich überhaupt meine Nase heute mit Sonnencreme eingecremt? Und was ist, wenn doch eine wichtige Rechnung kommt, während ich jetzt hier in Costa Rica bin? Und woher weiß ich überhaupt, ob ich noch einen guten Job finden werde, wenn ich wieder zurück nach Deutschland komme? Was will ich überhaupt dann machen? Gehe ich dann zurück auf die Bühne oder werde ich stattdessen Yoga unterrichten? Oder ganz etwas anderes?

Ich frage mich, ob die 45 Minuten wohl endlich bald rum sind, aber ich bin mir fast sicher, dass bestimmt erst maximal zehn Minuten vergangen sind.

Das kann ja heiter werden. Der Tag sollte doch entspannend sein, aber ich bin jetzt schon völlig ausgebrannt. Dabei sitze ich ja eigentlich nur hier.

Dieser Gedanke hilft mir dann aber plötzlich. Irgendwie merke ich gerade wieder, dass ich ja die Wahl habe, ob ich mich durch diesen Tag von „still halten und leise sein“ quälen will, oder ob ich es genießen möchte und meinem Körper und vor allem meinem Kopf auch endlich mal die Pause zu geben, die sie verdient haben.

Und dann klingelt auch schon das kleine Glöckchen. Die ersten 45 Minuten sind geschafft.

Die zweite Meditationsrunde ist wesentlich einfacher, da wir eine „gehende Meditation“ machen. Gemeinsam gehen wir über einen kleinen Pfad im Dschungel – jeweils nur 20 Schritte, dann machen wir kurz eine Pause. Jedes Mal mit einem anderen Fokus. Achtsames Sehen, achtsames Hören, Riechen, Fühlen und so weiter.

Die nächste Herausforderung liefert uns eine junge Affenfamilie. Eine Mutter und ihre zwei Kinder sitzen direkt vor uns auf einem Baum und schauen uns an. Wir müssen uns alle wahnsinnig zusammenreißen, um nicht zu lachen, oder vor Begeisterung Freudenrufe auszustoßen. Zehn Minuten sollen wir auf diesem Platz nun stehen bleiben. Und die Affen tun es uns gleich. Nur dass die kein Aktivitäts-Verbot haben. Die Kleinen springen von Ast zu Ast, und da wir uns offensichtlich nicht viel bewegen, kommen sie auch immer näher. Es ist super schwierig, dass wir nicht teilen können, wie süß und niedlich wir sie finden und keine Fotos machen können. Und dennoch sind wir alle zusammen hier und erleben die Affen in ihrem Element.

Die dritte Meditationsrunde findet wieder im Schneidersitz auf dem Yoga-Deck statt. Heute ist ein wirklich sehr heißer Tag und langsam kommt die Sonne aufs Deck. Ich finde ein Schattenplätzchen, setze mich hin und höre auch schon das Glöckchen. Also gut, nochmal 45 Minuten nicht bewegen. Au wei. Aber irgendwie bin ich schon ganz woanders. Die Stille und Ruhe der gerade erlebten Stunden scheint schon Wirkung zu zeigen. Mir wird erst ganz heiß und dann ganz kalt. Plötzlich fühle ich mich ganz leicht, fast so als müsse ich mich am Boden festhalten, damit ich nicht abhebe. Als nächstes sehe ich ein orangefarbenes Licht und dann klingelt das Glöckchen. Das können doch noch keine 45 Minuten gewesen sein! Nein, ich will noch hier bleiben! Aber Tatsache. Die Dreiviertel-Stunde ist schon um und jetzt ist Mittagspause.

Nach wie vor sind wir ganz still, aber es ist unglaublich interessant die anderen zu beobachten. Es steht jeder förmlich ins Gesicht geschrieben, wie sie die letzten Stunden erlebt hat. Von super entspannt bis aggressiv und wütend ist alles dabei.

Wir essen zu Mittag. Juliett, die Köchin hat sich heute wirklich ins Zeug gelegt. Alles schmeckt so unglaublich intensiv! Oder liegt es an meiner veränderten Wahrnehmung? Sonst bin ich eine der ersten die fertig ist mit Essen. Langsam essen war noch nie mein Ding. Aber heute schaffe ich es irgendwie jeden Bissen zu genießen.

Bis zur nächsten Meditationssession ist noch eine Stunde Pause. Normalerweise laufe ich den Mittagspausen irgendwo hin – meistens zum Strand, um zu schwimmen, oder mein Seil an eine Palme zu hängen, um ein bisschen zu trainieren. Aber das ist heute alles nicht erlaubt. Also lege ich mich in die Hängematte neben dem Pool und schlafe direkt ein.

So viel Ruhe hatte ich Mittags hier noch nie! Ich träume viel wirres Zeug und kann mich anschließend nicht mehr daran erinnern. Das Glöckchen kündigt an, dass es Zeit ist, zurück zum Yoga-Deck zu gehen und die nächste Runde Meditation zu starten.

Diese Runde ist nicht mehr ganz so einfach wie die vorherige, aber fühlt sich trotzdem leicht und entspannt an. Die Sonne wird immer heißer und auch wenn ich die Augen zu habe, spüre ich, wie einige meiner Kolleginnen förmlich in der Sonne braten. Glücklicherweise ist mein Platz hinter einer Palme, sodass ich die Sonne nicht direkt abbekomme.

Wir sind alle ganz erleichtert, als wir hören, dass die letzte Runde dann eine Entspannungsmeditation im Liegen ist. Wunderschöne Klänge und der Duft von ätherischen Ölen lassen uns in eine tiefe Entspannung sinken.

Bis zum Abendessen haben wir noch ein bisschen Zeit und auch wenn wir nicht schwimmen oder laufen können, gehen wir alle gemeinsam zum Strand. Wie einfach es mittlerweile nach nur ein paar Stunden ist, ohne Worte zu kommunizieren. Am Strand sucht sich jede von uns ein eigenes Plätzchen und wir schauen uns den Sonnenuntergang an. Definitiv einer der spektakulärsten, die ich seit langem gesehen habe! Die Farben gehen von Rot und Orange bis in ein tiefes Pink und tauchen am Horizont sogar fast in ein Violett ein. Das Leben am Strand erwacht. Unzählige Krebse kommen aus ihren Löchern im Sand und fangen an, ihre Sandkügelchen zu formen. Zahlreiche Pelikane fliegen hoch über unsere Köpfe. Je tiefer die Sonne sinkt, desto lauter werden die Geräusche aus dem Dschungel. Die Affen, Insekten und Vögel stimmen in ein lautes Konzert ein.

Ich habe mich schon lange nicht mehr so ruhig gefühlt. Plötzlich ist alles ganz klar. Ich mache mir keine Gedanken mehr über irgendwelche Ereignisse in der Vergangenheit oder in der Zukunft. Ein tiefes Gefühl von Dankbarkeit überkommt mich. Was auch immer mich hier her nach Costa Rica geführt hat - es ist ein wirkliches Geschenk hier zu sein, mit dieser wundervollen Gruppe von Frauen und inmitten dieser einzigartigen Natur.

Das zu Bett gehen wird dann doch noch eine kleine Herausforderung. Wir haben heute eine ganze Ameisen-Kolonie im Zimmer. Und wir dürfen nicht miteinander sprechen, um sie loszuwerden. Wir sprühen Insektenspray in jede Ritze, die wir finden können und zünden Räucherstäbchen an. Aber es hilft alles nichts. Am Ende ist das Einzige was uns einfällt, sie alle wegzuspülen. Mit einem großen Eimer Wasser setzen wir das ganze Zimmer unter Wasser. Glücklicherweise fließt es durch die Ritzen im Boden direkt wieder ab und nimmt einen Großteil der Ameisen mit. Die kleinen Tierchen sind aber ganz schön hartnäckig und schwimmen tapfer zurück nach oben. Irgendwann geben wir auf und legen uns einfach schlafen. Die paar Ameisenbisse werden wir auch noch überleben.

4. Abschluss-Feier

8. April 2022

Heute ist unsere Abschlusszeremonie. Ich kann es kaum glauben, aber wo sind denn die letzten fünf Wochen hingekommen? Wir haben so viel gelernt, gelacht und auch geweint. Jede von uns hat eine intensive Zeit durchgemacht. Die letzten Tage haben wir damit verbracht, unsere Abschlussprojekte vorzustellen. So wie wir eben sind, sind dabei die unterschiedlichsten Dinge entstanden.

Jede von uns hat ganz eigene Ideen. Einige stellen ihre Retreats vor, die sie im nächsten Jahr geben wollen, andere präsentieren neue Logos oder neue Kursprogramme. Lea macht mit uns Wut-Yoga und singt uns anschließend in ein entspanntes Savasana. Anita zeigt uns wiederum Krya Yoga und Sara stellt uns ihr Programm von Achtsamkeit für Führungskräfte vor.

Mir ist es die ganze Zeit etwas schwer gefallen mich auf ein Abschluss Projekt vorzubereiten. Normalerweise sprudle ich nur so vor Ideen, aber hier kam ich einfach nicht so richtig ins Tun. Irgendetwas in mir schreit auch ganz deutlich: „Nein, Julia, nicht noch ein neues Projekt.“ Ich liebe es, mir immer wieder was Neues auszudenken, aber manchmal geht die Quantität meiner Projekte auf Kosten der Qualität und das will ich ja ganz eindeutig ändern. Also spreche ich vor ab mit dem Dozenten Team, ob es auch die Möglichkeit gibt ein bereits vergangenes Projekt vorzustellen. Und in dem Moment, wo ich es ausspreche, habe ich dann direkt die zündende Idee.

Ich habe am Anfang des Jahres beschlossen, eine Auszeit von der Bühne zu nehmen. Für jemanden, die davon und dafür lebt auf der Bühne zu stehen und zu performen ist das schon eine große Entscheidung. Aber gleichzeitig wusste ich auch einfach, dass ich nicht wirklich weiterkomme, wenn ich immer wieder das gleiche mache und dieselben Shows und dieselben Nummern performe.

Ich habe im Vorfeld sehr viel darüber nachgedacht und auch nicht recht verstanden, wo diese Entscheidung herkommt. Aber in dem Moment, als ich sie zum ersten Mal vor jemand anderem ausgesprochen hatte, fühlte es sich plötzlich total richtig an. Ich habe erkannt, dass der Grund, warum ich Künstlerin geworden bin, mein großer Kreativitätsdrang ist. Und je mehr Glitzer- und Glamour Shows ich auf die Bühne gebracht habe, desto weniger authentisch und verbunden mit mir und meiner eigenen Kreativität habe ich mich gefühlt.

Die Pause von der Bühne hat mir das wieder gegeben: Zugang zu meiner Kreativität zu finden. Gerade hier in Pavones am Strand, wenn ich die Zeit hatte, mein Seil an eine Palme zu hängen, konnte ich dieser Kreativität freien Lauf lassen. Inspiriert von den Wellen das Meeres und den Geräuschen des Windes habe ich mich immer wieder verloren im Ausprobieren, Experimentieren und Spielen.

Und da war sie dann plötzlich. Die Idee für mein Abschlussprojekt.

Ich habe das gesamte Konzept dafür erst in der Nacht vor der Präsentation geschrieben. Aber so ist das immer. Erstmal brauche ich ein bisschen Druck und dann läuft es ganz von alleine.

Community Circus – ein Interdisziplinäres Zirkusprojekt für Teilnehmer von 5 -99 Jahren. Im Vordergrund sollte stehen, den Teilnehmern etwas mehr Zugang zu ihrer eigenen Kreativität zu geben. Denn das was ich gerade erfahre durch den Raum und den Platz, den ich hier sowohl in meinem Körper als auch in meinem Kopf entdecke, möchte ich auch anderen ermöglichen.

Meine Abschlusspräsentation sollte 60 Minuten dauern. Ich habe überhaupt keine Ahnung wie ich das in 60 Minuten schaffen soll. Ich erzähle erst ein bisschen von vergangenen Projekten, die ich zu Hause mit dem lokalen Zirkus auf die Beine gestellt habe und zeige Bilder und Videos von unseren Proben.

Dann beginne ich den praktischen Teil mit einer Dschungel-Meditation, etwas Yoga, Tanz, kreativen Bewegungen, Partner-Sequenzen und zack – ist die Stunde auch schon um.

Ich fühle mich so gut wie schon lange nicht mehr. Wir machen direkt eine Feedback Runde. Ich höre noch heraus, wie viel Spaß alle hatten, aber es fällt mir ziemlich schwer überhaupt zuzuhören, denn im Kopf bin ich schon ganz wo anders und choreographiere das Stück bereits für die vielen unterschiedlichen Teilnehmer des Zirkus zu Hause in Deutschland. Das Thema wird heißen: Mother Earth. Denn was mich am meisten inspiriert hier sind die unterschiedlichen Elemente: Wasser, Feuer, Erde und Luft. Und welche unterschiedlichen Qualitäten sie mit sich bringen.

(Dass das Stück bereits 4 Monate später auf der Bühne präsentiert wird, wusste ich zu dem Zeitpunkt noch nicht)

Für die Abschluss-Zeremonie schmücken wir uns gegenseitig mit Blumen und ziehen unsere schönsten Kleider an. Genau wie bei unserer Eröffnungs-Zeremonie am ersten Tag bilden wir aus Tüchern, Kissen, Blumen und Steinen ein großes Mandala in der Mitte des Yoga-Shalas. Wir singen die selben Mantras wie am ersten Tag und doch fühlen wir uns ganz anders als noch vor fünf Wochen. Wir bekommen unsere Urkunden und umarmen uns wieder und wieder. Juliett verwöhnt uns mit einem leckeren Abendessen. Wir singen, tanzen und trinken aus Kokosnüssen und lassen den Abend entspannt ausklingen.

5. Das Abenteuer beginnt

9. April 2022

Wir haben es geschafft! Es fühlt sich ganz komisch an, dass ich diese zwölf Frauen, mit denen ich die letzten fünf Wochen jeden Tag zusammen war, jetzt plötzlich nicht mehr sehen werde. Wir werden bestimmt irgendwie in Kontakt bleiben.

Aber heute geht es erstmal weiter zum nächsten Abenteuer.

Katelyn, Lea und ich verbringen das Wochenende im Dolphins´Quest – eine nachhaltige Dschungel-Ranch. Man kommt dort nur mit dem Boot hin. Straßen gibt es nicht, die Ranch liegt mitten im Naturschutzgebiet der Halbinsel Osa Peninsula.

Mit dem Bus fahren wir die Schotterstraße, auf der wir vor fünf Wochen gekommen sind, bis nach Golfito.

Es regnet in Strömen. Unser Gepäck lassen wir hier in dem kleinen Hotel, wo uns gleich das Boot einsammeln wird. Ob das nach dem Wochenende noch hier sein wird? Wir werden sehen...

Da kommt auch schon unser Boot-Taxi. Wir klettern hinein und genießen die 30-minütige Fahrt zur Ranch. Es ist ein komisches Gefühl nach fünf Wochen in der Lodge jetzt an einen anderen Ort zu fahren. Umso erfrischender ist es, neue Küsten, Bäume und Farben zu sehen. Durch den Regen scheint alles hier noch grüner zu sein. Wir sehen ganze Pelikanschwärme, die auf den Bäumen an der Küste sitzen und den Regen ausharren. Mauro, der Bootsfahrer ist auch gleichzeitig unser Koch für die nächsten zwei Tage. Er erzählt uns zu jedem Baum, an dem wir vorbei fahren, eine Geschichte. Natürlich auf Spanisch. Da Lea die Einzige ist, die fließend Spanisch spricht, übernimmt sie die Konversation. Katelyn und ich lehnen uns zurück und merken richtig, wie wir gerade komplett herunterfahren.

Nach einer halben Stunde Fahrt kommen wir an. Die Wellen sind ziemlich stark, sodass das Boot nicht ganz an die Küste heranfahren kann. Wir waten also die letzten Meter durchs Meer. Gut, dass wir unsere Koffer nicht mitgenommen haben.

Begrüßt werden wir vom Geschrei dutzender Roter Aras. Diese Papageienart war schon ausgestorben in dieser Region. Doch durch ein Programm der costa-ricanischen Regierung konnten sie wieder vielfach hier angesiedelt werden.

Mauro zeigt uns das Haupthaus, wo gekocht und gegessen wird und anschließend unsere Zimmer.

Zimmer ist gut. Nach europäischem Verständnis haben Zimmer meistens Wände. Dass das hier anders ist, wissen wir ja schon.

Dieses A-Frame Häuschen hat zwar drei Stockwerke und ein Dach oben drüber, aber getragen wird das ganze nur durch mehrere Säulen, die wohl mal Bäume waren. Wände gibt es schlichtweg nicht. Die Betten stehen nicht auf den Boden, sondern hängen wie Hollywoodschaukeln an der Decke. „Damit Skorpione und Schlangen nicht so einfach reinkriechen“, erklärt Mauro. Das ist ja sehr beruhigend.

Immerhin gibt es ein großes Moskitonetz über dem Bett. Lea und ich werden ein Bett teilen, denn es gibt nur zwei freie Betten und wir sind immerhin zu dritt.

Wir wollen erstmal unsere Handys laden, aber Strom gibt es gerade nicht. „Vielleicht in zwei Stunden wieder“, erklärt Mauro. Nun gut, Empfang haben wir sowieso nicht hier.

Während Katelyn sich ein bisschen ausruht, gehen Lea und ich auf Entdeckungstour. Im Garten treffen wir Faye, sie kommt aus New Jersey und arbeitet seit sechs Monaten hier auf der Farm. Im Wechsel hilft sie immer zehn Tage lang auf der Farm im Garten, beim Kochen und Bauen neuer Häuschen und verbringt dann vier Tage in Pavones auf dem Festland, um nicht ganz den Faden zur Realität zu verlieren. „Alles was hier auf den Tisch kommt, wächst in unserem Garten“, erklärt sie. Sie gibt uns eine kleine Tour. Mangos und die anderen Früchte auf den Bäumen erkennen wir. Aber die Kräuter in den Beeten sehen für mich und Lea alle gleich aus. Dennoch hat jedes einzelne Kraut eine andere Wirkung und auch einen anderen Geruch. Manche riechen stark nach Knoblauch, andere duften wie frische Minze. Am schlimmsten ist der Geruch der Noni Frucht. „Riecht wie Käsefüße“, stellt Lea fest. „Schmeckt auch so“, ergänzt Faye , „ist aber sehr gesund“. Das ist auch schon ihr Stichwort uns ins Gemeinschaftshaus zu bringen. Neben Kombucha und Kurkuma-Drinks bietet Faye uns auch den Noni-Drink an. Ich muss mir die Nase zuhalten, um überhaupt irgendwas davon runterzubekommen. Sie drückt uns eine ganzes Buch in die Hand, was die Vorteile und Wirkungen von Noni sind. Mhm... ich glaube ihr auch so. Ich hoffe nur, dass ein Drink von diesem Käsefuß-Gebräu für das nächste ganze Jahr reicht.

Da lernen wir Max, Ulla und deren beiden Töchter kennen. Die Familie kommt aus den Niederlanden und hat sich nach langer Zeit endlich ihren Traum verwirklicht, sechs Monate in Lateinamerika zu verbringen. Sie leben hier für vier Wochen auf der Farm, helfen in der Küche und im Garten. Ulla unterrichtet vormittags die beiden Töchter im Homeschooling. Sue ist zehn und Alexa sechs Jahre alt. Sue erzählt uns, dass sie in vier Jahren in der Schule in Holland bestimmt nicht mal halb so viel gelernt hat, wie in den letzten vier Wochen hier auf der Farm. Da hat sie wohl recht. Als ich sie frage, was das Beeindruckendste war, dass sie hier erlebt hat, holt sie das Handy ihres Vaters und zeigt mir ein Video von einer Schlange, die einen Frosch verschlingt, der etwa vier Mal so groß ist wie die Schlange selbst. Das hat Sue hier auf der Farm mit eigenen Augen beobachtet. Gelernt hat sie dabei, wie der Kreislauf des Lebens hier funktioniert. „Fressen und gefressen werden“, singt sie fröhlich.

Sue und Alexa kennen mittlerweile fast alle Pflanzen und Gräser hier auf dem Grundstück und wissen ganz genau, welche man essen kann und welche nicht.

Mauro ist mit dem Kochen fertig und wir setzen uns alle an den großen Tisch und essen gemeinsam. Es gibt Salat, Gemüse, Früchte und natürlich Noni-Drink. Aber den lehne ich diesmal dankend ab.

Gerade habe ich mich an den Tisch gesetzt, da fliegt ein grüner Papagei auf mich zu und setzt sich auf meine Schulter. Ich erschrecke natürlich und werfe fast das ganze Essen vom Tisch. Max erklärt uns, dass der Papagei ausgewildert werden soll. Das funktioniert aber nicht so richtig, weil es hier immer leckeres Essen gibt. Nun gut, Mauro hat ja mehr als genug gekocht. Also darf der Papagei mitessen.

Beim Essen erzählt uns Dante, der Besitzer der Farm, ein bisschen mehr über die Geschichte dieses Hauses. Sein Vater hat das Anwesen vor 40 Jahren gekauft, damals war es noch kein Naturschutzgebiet. Seitdem hat die Familie alles daran gesetzt hier zu leben. Dantes Mutter ist Kanadierin und vor 25 Jahren nach Costa Rica gekommen. Sie leitet eine Surf- und Yogaschule in Pavones. Dante und sein Bruder Jacob, sind hier zur Welt gekommen. Und zwar so richtig! Eine Wassergeburt im Meer. „Ist das nicht unglaublich gefährlich?“, will Lea wissen. „Natürlich ist es das, aber wenn die Natur will, dass es klappt, dann wird es schon gehen“, erklärt uns Jacob. Dante und Jacob sprechen hervorragendes Englisch, aber auch fließendes Spanisch. Sie sind hier in Pavones zur Schule gegangen und haben beide in den USA Agrarkultur studiert. Aber für beide war klar, sobald das Studium zu Ende ist, wollen sie hier her zurückkommen. Ihr Vater ist vor einigen Jahren gestorben und so leiten die beiden Brüder das Haus. „Es ist unglaublich viel Arbeit, die Natur wächst unermüdlich und allein würden wir niemals hinterherkommen, das alles aufzuarbeiten. Dafür haben wir die freiwilligen Helfer. Wie zum Beispiel die Holländische Familie. Sie helfen drei bis fünf Stunden am Tag im Garten, beim Bau, in der Küche, und bei allem was noch so anfällt. Dafür können sie hier wohnen. Außer den Holländern und Faye sind aktuell noch zwei Deutsche, ein Engländer und zwei Iren hier, die mithelfen“, erklärt uns Jacob.

Die Holländische Familie hat ihr eigenes kleines Häuschen, aber wir anderen schlafen alle zusammen in dem Haus ohne Wände.

Mittlerweile ist es dunkel und wir wollen zurück zu unserem Schlafgemach. „Ihr wollt doch nicht etwa in Flip-Flops nachts durch das Gras laufen?“ sagt Jacob. „Es wimmelt hier nur so von Schlangen!“ Erst vor drei Wochen wurde ein Gast nachts gebissen. Dante schaffte es gerade noch rechtzeitig ihn ins Boot zu bringen und mit Vollgas nach Golfito ins Krankenhaus zu bringen. Zwei Wochen später durfte er das Krankenhaus verlassen. „Es hätte aber auch anders ausgehen können", ergänzt Jacob. Dieser holt nun ein Reagenzglas aus dem Kühlschrank - darin ein Schlangenkopf. „Wir mussten die Schlange suchen gehen und ihr den Kopf abhacken. Das Krankenhaus musste die genaue Spezies wissen, um das richtige Gegengift zu verabreichen." Die Schlange hat ein Horn auf der Nase und ist braun und weiß gestreift. Na bravo, sowas erkennt man ja wirklich nicht nachts zwischen all den Blättern.

„Habt ihr wenigstens ein vernünftiges Licht dabei?" Fragt Dante. Natürlich nur das Handylicht. Jacob gibt uns eine große Taschenlampe und so machen wir uns langsam und verängstigt auf, um zu unserem Häuschen ohne Wände zu gelangen. Katelyn singt Christmas Charols. Irgendwo hat sie gehört, dass das Schlangen abschreckt. Ich gehe voraus. Wird schon nichts passieren. Ich weiß gar nicht wo ich zuerst hinschauen soll, nach oben in die Bäume oder nach unten auf den Weg. Wir sind fast am Häuschen und plötzlich bewegt sich doch etwas vor mir. Ich bleibe ruckartig stehen und sehe die Schlange gerade noch wegkriechen. Sie ist noch ein Baby. Sie könnte auch als großer Regenwurm durchgehen. In dem Moment realisiere ich wieder, dass die Schlange wahrscheinlich weit mehr Angst hat als wir. Solange wir achtsam und vorsichtig sind, und schauen wo wir hintreten, wird bestimmt keine Schlange aus dem Gebüsch kommen und uns angreifen.

Aber sicher bin ich trotzdem nicht und bin heilfroh, als wir in unserem Häuschen ankommen. Schnell duschen und ab ins Bett.

Zu früh gefreut. Es gibt wohl kein Wasser. Wir müssen also nochmal zurück. Zwischen dem Gemeinschaftshaus und unserem Schlafhaus gibt es noch ein Bad. Die Deutschen versichern uns, da gibt es noch Wasser. Also macht sich unser tapferer Trupp wieder auf und wir erreichen das Bad. Ich weiß nicht was gruseliger ist, die Vorstellung von den Schlangen oder die handgroßen Spinnen, die an den Wänden im Bad sitzen. Ich kann nicht mal richtig erkennen, ob sie noch leben.

Wir duschen der Reihe nach, immerhin haben wir ja auch nur eine Taschenlampe und nur ein Handtuch. Aber wenn wir schon die Angst teilen, können wir auch das Handtuch teilen. Plötzlich bin ich heilfroh, dass ich mit Lea zusammen im Bett schlafe.

Irgendwann sind wir heil in unserem Hängemattenbett unter dem Moskito-Netz. Die Geräusche des Dschungels sind dröhnend laut. Fast als würde man neben einer Autobahn schlafen. Unser wandloses Schlafhaus enttarnt sich als Wohnung zahlreicher Fledermäuse.

Es ist alles so aufregend und gespenstisch und gleichzeitig so wunderschön und einzigartig, in die Natur und ihre Kräfte einzutauchen. Die unglaubliche Energie, die hier an diesem Ort vorhanden ist, lässt mich im Vergleich ziemlich klein fühlen.

Plötzlich muss ich lauthals loslachen und weiß gar nicht warum. Lea und Katelyn steigen ins Gelächter ein und wir merken gar nicht wie wir während dem Lachen irgendwann einschlafen.

10. April 2022

Pünktlich um 5:00 Uhr laden die Brüllaffen zum Morgenkonzert ein. Ich bin sofort hellwach. Lea und Katelyn scheinen das Gebrüll gar nicht mitzubekommen. Es ist schon hell, also beschließe ich zum Strand zu gehen und mein Morgen-Yoga zu machen. Immerhin habe ich ja die letzten fünf Wochen gelernt, wie wichtig Morgenroutine ist.

Ich finde ein stilles Plätzchen am Strand und tauche ins sanfte Morgenlicht ein. Es tut unglaublich gut, nach den strikten Yoga-Klassen während der Ausbildung heute meinem eigenen Rhythmus zu folgen. Mein Körper zeigt mir ganz automatisch, was er heute braucht. Auch die Endmeditation funktioniert erstaunlich gut.

Bis ich ein lautes „Plopp“ vor mir höre. Ich lasse die Augen noch zu, aber es klingt als wäre eine Kokosnuss direkt vor mir auf die Erde gefallen. Dabei sitze ich doch nicht mal in der Nähe einer Palme.

Ich mache die Augen auf und kann es kaum glauben. Direkt vor mir ist ein riesengroßer Ara gelandet. Das majestätische Tier ist keinen halben Meter entfernt. Er schaut mich mit großen Augen an, fast als wollte er sagen: „Hey, das ist mein Platz“ Mir war nie bewusst, wie groß diese Tiere sind! Allein seine Schwanzfedern sind fast 40 Zentimeter lang. Sein Schnabel ist gigantisch und spitz und er macht überhaupt keine Anstalten sich von mir zu entfernen. Im Gegenteil. Er fängt jetzt an mich zu umkreisen. Ich weiß gar nicht was ich machen soll. Ich sitze wie versteinert da und schaue ihn an. Er kommt weiter auf mich zu. Offensichtlich ist er von der lavendelfarbenen Yogamatte beeindruckt. Er kommt näher und setzt sich direkt an den Rand der Matte. Mit seinem spitzen Schnabel versucht er ein Stück der Matte zu probieren. Letztendlich realisiert er aber, dass die Matte nicht fressbar ist und promt verliert er auch das Interesse an mir. Er erhebt sich und fliegt in den nächsten Baum. Ich sehe zwei seiner Gefährten, die sich zu ihm gesellen. Schnell packe ich meine Matte und haste zurück zum Gemeinschaftshaus.

Das war eine sehr spezielle Erfahrung. Noch nie war ich einem wilden Vogel dieser Größe so nah. Ein Tier, dass ich bisher immer als wunderschön und selten angesehen habe. Dennoch hatte ich große Ehrfurcht vor ihm und spürte gleichzeitig eine magische Anziehungskraft.

Es braucht einfach eine gewisse Zeit, sich in den Rhythmus der Natur hineinzuleben. Wie viel davon haben wir in unserer westlichen Welt verloren. Dennoch spürte ich instinktiv, dass das majestätische Tier genauso neugierig war wie ich und wir einen besonderen Moment geteilt haben.

11. April 2022

Heute ist unser letzter Abend im Dolphins Quest. Nach zahlreichen Spaziergängen und Wanderungen im umliegenden Gebiet gibt es heute Nacht noch einen besonderen Ausflug. Jacob will uns mit dem Boot hinausfahren, um die Biolumineszenz zu sehen.

Das ist die Fähigkeit von Lebewesen selbst oder mit Hilfe von Symbionten Licht zu erzeugen. In diesem Fall sind es Algen, die im Meer schwimmen und mit Hilfe von Sauerstoff Licht erzeugen. Es gibt nur noch ganz wenige Orte auf der Welt, wo die Ozeane so sauber sind, dass man das Phänomen beobachten kann. Hier in der Bucht ist so ein Ort.

Tagsüber sind die Algen tief am Meeresgrund und wären sowieso nicht sichtbar, wenn die Sonne scheint.

Nachts kommen sie zur Oberfläche und sobald das Wasser in Bewegung versetzt wird, zum Beispiel durch den Motor unseres Bootes, beginnen sie zu leuchten.

„Man kann sie nicht jeden Tag sehen, aber vielleicht haben wir heute Glück", sagt Jacob.

Und das haben wir. Es ist stockdunkel als wir mit dem kleinen Motorboot hinaus ins offene Meer fahren. Doch schon nach wenigen Minuten ist die Biolumineszenz deutlich sichtbar. Die Wellen am Bug und Heck des Bootes leuchten strahlend blau und grün. Es sieht aus, als wären tausende LED-Lichter im Ozean verstreut. Wir kommen aus dem Staunen gar nicht mehr raus.

Jacob bringt uns in eine Bucht und dort halten wir das Boot an. „Probiert selbst mal aus“, sagt er und zeigt uns was er damit meint. Jacob hält seine Hand tief ins Wasser und zeichnet damit die verschiedensten Formen. Das Licht folgt seinen Handbewegungen und als er die Hand wieder aus dem Wasser zieht, leuchtet seine ganze Hand grün. Nach ein paar Sekunden erlischt das Licht. „Die Algen leuchten nur, solange sie in Bewegung sind.“

Wir sind fasziniert und fangen alle an, die verspieltesten Formen mit unseren Händen zu zeichnen. Ein unglaublich schönes, bewegtes Gemälde entsteht im Ozean.

Jacob nutzt die Gelegenheit und überrascht uns mit einem spektakulären Kopf-Sprung ins Wasser. Das Spiel der Lichter ist einzigartig und wir sehen es bis tief hinunter in den Ozean. Als Jacob wieder auftaucht, sieht es aus als würde er in einem Kreis von magischem Licht schwimmen.

Es dauert keine zwei Minuten bis Katelyn, Lea und ich auch im Wasser sind.

Ein atemberaubendes Gefühl, mitten in der Nacht im stockdunklen Ozean zu schwimmen. Außer dem Licht der Sterne, des Mondes und der strahlend leuchtenden Algen können wir nichts sehen. Ich muss daran denken, was gerade wohl für Kreaturen unter uns schwimmen. Der Ozean erwacht doch eigentlich auch erst nachts zum Leben. Es fühlt sich an wie pure Freiheit. Wir lachen und spritzen mit dem Wasser herum und genießen die strahlenden Lichter, die uns umhüllen.

Als wir wieder ins Boot klettern will Jacob mit uns noch ein Stückchen weiter raus fahren. Was uns dort erwarten soll, verrät er aber noch nicht. Wie soll dieses Erlebnis denn jetzt noch zu übertrumpfen sein?

Wir fahren noch etwas weiter raus ins offene Meer bis Jacob anhält und den Motor ausmacht. Er wartet, bis sich das Boot komplett beruhigt hat. Die Stille hier draußen ist magisch. Wir hören nur das sanfte Plätschern des Wassers und ein leises Säuseln des Windes. Jacob beginnt zu pfeifen.

Wir hören ihm gespannt zu. Da sehen wir einige Meter vom Boot entfernt einen Lichtpunkt tief unten im Wasser, der mir rasender Geschwindigkeit nach oben schießt. Offensichtlich ist dort unten Bewegung und sie kommt direkt auf uns zu.

Noch bevor wir darüber nachdenken können, was es sein könnte, springt der elegante Delfin auch schon mit einem spektakulären Sprung aus dem Wasser. Das wunderschöne Tier ist riesig und wirkt kraftvoll und leicht zugleich. Mit einem lauten Platschen gefolgt von einem atemberaubenden Lichter-Spiel verschwindet es wieder in der Tiefe.

Katelyn, Lea und ich halten gleichzeitig die Luft an. Ist das gerade wirklich passiert?

Zur Bestätigung wiederholt sich das Schauspiel direkt nochmal. Diesmal kommt ein anderer Delfin an die Oberfläche. Nicht mit einem akrobatischen Sprung, dafür aber ganz nah ans Boot. Sie will uns beobachten. Offensichtlich sehen diese Tiere nachts nicht zum ersten Mal Besucher. „Die Tiere sind jetzt gerade auf Nahrungssuche. Aber sie sind an das Boot gewöhnt und lieben es zu spielen."

Offensichtlich – Denn jetzt umkreisen uns schon drei Delfine. Sie tauchen gekonnt unter dem Boot her, zeigen ganz knapp vorm Bug ihre Finnen und verschwinden dann wieder in der Tiefe. Ohne die Biolumineszenz könnten wir sie gar nicht sehen.

Es werden immer mehr. Die grazilen Tiere bewegen sich geschickt um das Boot und haben sichtlich Freude daran, uns mit ihren Kunststücken zu beeindrucken. Insgesamt zwölf Delfine zählen wir jetzt. Sie kommen alle nochmal ganz nah ans Boot heran, als wollten sie sich verabschieden und tauchen dann gemeinsam wieder ab in die Tiefe.

Wir bleiben in tiefem Staunen zurück in der Stille. Jacob schmeißt den Motor wieder an und wir machen uns auf den Weg zurück zur Dolphin´s Quest.

Uns fehlen die Worte, aber es ist gar nicht notwendig etwas zu sagen. So fühlt sich Leben an. So nah an der Natur zu sein und miterleben zu dürfen, wie diese magischen Kreaturen in ihrem gewohnten Umfeld leben und spielen ist ein wahres Geschenk. Ich bin unglaublich dankbar, dass wir uns entschieden haben, das Wochenende hier zu verbringen.

Je näher wir ans Ufer kommen, desto mehr nimmt die Biolumineszenz ab. Die Nacht ist wolkenlos und die zahlreichen Sterne leuchten jetzt auf uns herab. Am Ufer angekommen, waten wir zurück durchs Wasser und werden schon von Mauro mit einem heißen Tee begrüßt.

Jacob gesteht, auch für ihn war das heute eine besondere Nacht. Mehr als drei Delfine hat er nachts noch nie gesehen. Und selten kommen sie so nah ans Boot. Es scheint, als hätten die Tiere unser friedliche Energie nach fünf Wochen Yoga gespürt. Und auch ich habe die Energie dieser Tiere ganz deutlich spüren können und nehme mir vor, dieses Gefühl fest in mir zu speichern.

6. Uvita

16. April 2022

Lea, Katelyn und ich verabschieden uns nach dem Wochenende in der Dolphin´s Quest. Lea muss zurück nach Deutschland und Katelyn fährt zurück nach San José. Ich habe nun noch ein paar Wochen, um mir alle Ecken dieses wunderschönen Landes anzuschauen. Mittlerweile bin ich in Uvita. Diesen Ort kenne ich schon von einer meiner letzten Reisen nach Costa Rica. Hier gibt es eine Zirkusschule und ich freue mich, meine Bekannten hier wieder zu sehen, die ich direkt heute abend besuchen werde, um mit ihnen zu trainieren. Eine ganze Woche bleibe ich hier.

Heute weiß ich allerdings nicht so recht was ich mit mir anfangen soll! Eigentlich wollte ich diese Tage nutzen, um Mails zu beantworten und mich um Arbeit am Laptop zu kümmern. Aber jede Sekunde, die ich in diesem Land vorm PC verbringe, fühlt sich falsch an.

Dann gehe ich eben mal wieder auf Entdeckungsreise. Ich habe seit Tagen kein richtiges Training gemacht, also werfe ich meine Handschlaufen in den Rucksack und hoffe einfach mal irgendwo einen geeigneten Baum zu finden.

Sonnencreme und Mosquito-Schutz drauf und los geht´s. Erst laufe ich in den Ort und besorge mir ein paar Snacks für den Tag und dann marschiere ich die Hauptstraße entlang Richtung Strand. Meine Güte, ich hab immer Angst vor Schlangen und Skorpionen – aber die sind nichts gegen diese LKWs, die mit rasender Geschwindigkeit zentimeternah an mir vorbei sausen. Umdrehen kann ich jetzt aber auch nicht mehr. Es ist furchtbar heiß und ich weiß bis zum Strand ist es noch ein ganzes Stück. Irgendwann reichts mir und ich entdecke einen kleinen Pfad durch den Dschungel neben der Straße. Der muss doch zum Strand führen!

Tut er auch…. Aber die Hälfte des Weges steht unter Wasser. Ich bleibe immer wieder im Matsch stecken und verliere fast meine Schuhe, die irgendwann am Anfang dieses Trips mal weiß waren und jetzt dunkelbraun und innen und außen voller Matsch.

Schließlich bin ich am Strand. Wieder ein wunderbares unberührtes Stück Land. Ich weiß, dass der öffentliche Strand rechts ist, also gehe ich nach links. Menschen möchte ich nicht sehen heute. Und auch wenn ich jetzt schon seit zwei Stunden durch die Hitze (und den Matsch) gelaufen bin, will ich ja eigentlich einen Baum finden, an den ich meine Geräte hängen kann zum Trainieren. Das scheint hier gar nicht so einfach zu sein. Hier gibt´s keine Palmen oder Mandelbäume, die zufälligerweise nicht vertikal sondern horizontal wachsen, wie in Pavones. Hier gibt es eigentlich nur Sträucher. Ich laufe weiter und weiter und irgendwann finde ich einen umgestürzten

Baum der halb im Wasser liegt und halb am Strand. Der ist genau richtig! Es hat zwar mittlerweile sicher weit über 35 Grad, aber wenn ich meinen Hut auflasse, kann ich sicher eine halbe Stunde trainieren. Kurz muss ich über mich selbst lachen, so viel ist wohl nicht hängen geblieben von meinem Vorsatz nicht mehr krampfhaft nach Trainingsmöglichkeiten zu suchen. Aber es macht mir halt auch unglaublich Spaß.

Der komplizierteste Teil ist immer erstmal hochzuklettern und meine Geräte zu sichern. Aber irgendwie klappt das ganz gut. Ich lege meine Sachen am Strand ab, und klettere auf den umgestürzten Baum. Ich muss natürlich mehrmals hochklettern, bis alles passt und ich meine Handschlaufen am Baumstamm befestigen kann. Beim Training habe ich meine Zehen im Wasser und höre nur das Meeresrauschen. Herrlich. Die Anstrengung hat sich gelohnt.

Ich merke gar nicht, wie das Wasser höher und höher steigt. Klar, die Flut kommt. Plötzlich fällt mir ein, dass meine Sachen ja am Strand liegen… naja lagen. Als ich hinsehe merke ich, dass dort wo ich meine Schuhe, Klamotten und den Rest meines Luftakrobatik-Equipments abgelegt habe, jetzt schon Wasser ist. Ich laufe weiter raus ins Meer, aber natürlich finde ich nichts mehr. Die Schuhe sind weg, und mein teurer Drehwirbel auch!

Mist.

Naja, was soll ich machen. Ich baue meine Sachen wieder ab und laufe weiter. Mir ist unglaublich warm aber ich erinnere mich, dass ich auch an der anderen Seite des Strandes einen Ausgang gibt. Das kann höchstens noch eine halbe Stunde sein. Das Wasser kommt immer näher und der Strand ist jetzt maximal noch zwanzig Zentimeter breit, die meiste Zeit bin ich aber bis zu den Oberschenkeln im Wasser. Ich könnte ja auch durch den Dschungel laufen, aber ohne Schuhe habe ich viel zu viel Angst vor den Schlangen, Spinnen und Skorpionen.

Endlich sehe ich den Eingang des Nationalparks, wo ich vom Strand zurück auf die Straße komme. Was ich nicht mehr in Erinnerung hatte, ist der große Fluss. Also ich hatte einen kleinen Fluss in Erinnerung. Aber offensichtlich war das letzte Mal als ich hier war, Ebbe. Und dass die Flut gerade an ihrem Höchststand ist, habe ich ja jetzt mitbekommen. Ich überlege kurz ob ich da irgendwie trotzdem rüber komme, habe ja auch nicht mehr viel Gepäck dabei, das meiste ist schon im Meer. Aber es sieht ziemlich reißend aus.

Plötzlich fällt mir ein: In Costa Rica gibt es ja Krokodile in Süßgewässern. Und ich meine nicht die kleinen süßen Kaimane, die hier jedes Hostel als Haustier hält, sondern große bis zu drei Meter lange Krokodile, die keine Mühe scheuen auch mal Menschen zum Mittag zu verspeisen. Ich erinnere mich wieder an die Krokodilbrücke an der wir halt gemacht haben auf dem Weg zur Yoga-Ausbildung.

Jetzt wird mir noch heißer als mir eh schon ist. Ich stehe also an diesem Fluss, drüber kann ich nicht, wegen der Krokodile. Hier bleiben geht auch nicht, denn die kommen ja auch aus dem Wasser raus. Durch den Dschungel zurück geht auch nicht, ich hab je keine Schuhe und ohne einen Pfad ist das nicht mal mit Schuhen möglich. Am Strand zurück geht auch nicht, denn den gibt es mittlerweile nicht mehr, da ist nur Wasser, hoch bis zu den Palmen.

Okay – in der Gegenwart sein war schon lang nicht mehr so real.

Schließlich entscheide ich mich doch für den Weg zurück am Strand durchs Wasser. Die Strömungen sind mittlerweile echt stark und ich bekomme mehrere Äste und Kokosnüsse, die im Wasser schwimmen, gegen die Beine geprellt.

Endlich bin ich weit genug vom Fluss weg, dass mir die Krokodile keine Angst mehr machen und ich lege mich unter eine Palme und schlafe eine Runde. Das scheint mir gerade die vernünftigste Lösung zu sein.

Nach einer Stunde ist auch die Flut wieder zurück gegangen und ich kann am Ufer zurück laufen bis zum öffentlichen Strand. Dort treffe ich direkt einige Bekannte aus dem Hostel. Da kommt auch schon der Bus und nimmt uns mit zurück nach Uvita.

Heute schlafe ich bestimmt gut.

7. Airborne Arts

17. April 2022

Pläne sind dazu da, um verändert zu werden. Das lerne ich in diesem Land immer und immer wieder.

Es ist wieder so ein Morgen, an dem ich denke: Heute mache ich den ganzen PC-Kram! Ich habe sogar zwei Online-Meetings im Kalender, die ich unbedingt heute erledigen muss. Irgend so ein Glaubenssatz in mir sagt mir die ganze Zeit, ich soll mich an sowas wie Arbeit klammern – macht man halt so. Das geht ja nicht, dass ich nicht produktiv bin.

Das W-lan ist schrecklich. Ich schaffe es kaum, meine Mails zu öffnen. Ich gehe an der Rezeption wieder und wieder nachfragen. Aber so oft sie den Router auch neu starten, hier gibt es halt kein vernünftiges Signal. Nun gut. Ich muss das aber heute erledigen. Also schnappe ich meine Sachen und gehe in den Ort, ich erinnere mich an ein gutes Café, wo ich vor ein paar Tagen vernünftiges Internet hatte. Nach 20 Minuten Fußmarsch durch die Hitze komme ich dort an, gerade noch rechtzeitig zu meinem Online-Termin.

An der Tür des Cafés hängt ein Schild – „Heute geschlossen – Pura Vida!"

Na toll! Jetzt schaffe ich es nicht mal mehr pünktlich zurück zum Hotel, um meinem Kunden abzusagen. Das Geschäft ist wohl geplatzt.

Aus Mangel an Alternativen gehe ich trotzdem den Berg wieder hoch und setze mich auf die Terrasse des Cafés im Hotel. Das zweite Online Meeting sollte in einigen Minuten starten. Ich kann es ja mal probieren. Aber schon in den ersten 2 Minuten ist klar, das war falsche Hoffnung. Ich kann meine Geschäftspartnerin weder sehen, noch richtig verstehen. Sie erzählt irgendwas von einem neuen Projekt und ich kann einfach gar Nichts hören. Mir reichts.

Das wird jetzt nichts. Die Zeichen sind ja deutlich genug. Ich sollte jetzt nicht arbeiten. Ich entschuldige mich und empfehle ihr stattdessen jemand anderen. Bevor sie am Ende auch so frustriert ist wie ich, soll sie lieber gleich mit jemand arbeiten, die nicht gerade im Dschungel auf Abenteuer-Suche ist.

Aber was mache ich jetzt mit diesem Tag?

Ich weiß gerade gar nicht wo hin mit mir. Ich hole mir in der Rezeption eine Landkarte und schaue mal, wo ich hier in der Gegend noch hinlaufen könnte. Da fällt mir Airborne Arts auf. Bereits vor Jahren habe ich von diesem Ort gehört. Ein Amerikaner, der sich dort mitten im Dschungel in den Bergen ein Zirkus-Paradies aufgebaut hat. Mit mehreren Luftakrobatik-Möglichkeiten, Flug-

Trapezgerüst, Pool und großem Yoga-Shala mit spektakulärem Ausblick auf einen der höchsten Wasserfälle Costa Ricas.

Hmm. Die Zimmer-Preise sind nicht ganz ohne, und da hin kommt man auch nur mit einem privaten Taxi, etwa eine Stunde Anfahrt.

Naja, darüber denke ich jetzt mal nicht nach.

Ich schreibe ihn einfach mal über Instagram an. Ich erzähle, wer ich bin, und dass ich von Airborne Arts gehört habe und mir bei Gelegenheit sehr gerne mal den Ort anschauen will.

Es dauert keine 10 Minuten, da antwortet mir Jonas, der Besitzer: „Hey Julia, schön von dir zu hören. Wäre cool dich kennen zu lernen. Ich bin eh gerade hier unten am Meer in Dominical, fahre in 2 Stunden wieder hoch. Wenn du willst, kann ich dich mitnehmen."

Was??? Damit habe ich jetzt überhaupt nicht gerechnet. Dominical ist etwa 30 Minuten von hier entfernt. Wenn ich mich beeile, schaffe ich den nächsten Bus.

Zum Nachdenken habe ich jetzt keine Zeit mehr! Ich packe meine Sachen, checke aus dem Hotel und in weniger als einer Stunde sitze ich in Dominical mit Jonas und einem seiner Mitarbeiter in einem Café.

Wir lernen uns erstmal kennen. Jonas ist gerade aus Kolumbien zurückgekommen und so gehen wir erstmal noch einkaufen, damit wir auch ein paar Lebensmittel für die nächsten Tage haben.

Die nächsten Tage? Ich habe überhaupt keinen Plan, wie meine nächsten Tage aussehen. Wie lange bleibe ich da eigentlich? Und was wird mich da erwarten?

Wir machen uns auf den Weg über den holprigen Schotterweg in Richtung Airborne Arts. Selbst mit dem Geländewagen ist es eine ziemliche Herausforderung den Berg hochzukommen. Je weiter wir fahren, desto weniger Häuser sind in Sicht. Wir treffen aber auf mehrere Hühner, die den Weg blockieren und auch eine große Echse, die gar nicht den Anschein macht, als wollte sie die Straße freigeben.

Endlich kommen wir an. Erst mal sehe ich nur ein staubiges Plastik-Zelt. Wir parken das Auto und als wir den Berg hinunter gehen, fallen mir fast die Augen aus dem Kopf.

Die bunt bemalte Villa, wird von einer riesigen Terrasse umrandet, die mit einem dunkelblauen halbmondförmigen Pool endet. Von den Hängematten auf der Terrasse hat man Aussicht auf das riesige Yoga-Shala, das durch die Überdachung in 8 Metern Höhe auch gleichzeitig als Aerial Rig dient. Hier hängt ein Trapez, mehrere Vertikaltücher, Luftringe und Seile. Direkt neben dem Shala steht das eindrucksvolle Flying Trapez Gerüst. Wie haben sie das überhaupt hier den Berg hoch geschafft? Ein über zwölf Meter hohes Gerüst an dem gleich zwei Schwungtrapeze hängen. Das Metall des hochwertigen Gerüsts glänzt in der Sonne wie Diamanten. Darunter ist das riesige Auffangnetz.

Erst jetzt sehe ich den spektakulären Wasserfall im Hintergrund. Einer der höchsten in Costa Rica. Dort kann man auch hinwandern und in einer Höhle hinter dem Wasserfall übernachten.

Plötzlich landet ein Tukan direkt neben uns im Baum und schaut aus seinen eindrucksvollen Augen zu uns herüber.

Und ich wollte heute den ganzen Tag am PC arbeiten... Wieder mal ein guter Beweis, dass man einfach ab und zu das Steuer abgeben muss und das Leben entscheidet schon, wo die Reise hingeht.

Jonas zeigt mir die Schlafmöglichkeiten. Direkt unter dem Shala gibt es ein Meerbettzimmer. Neben dem Pool gibt es noch mehrere Glamping Zelte und in der Villa gibt es neben dem bunt bemalten Gästezimmer auch noch die Luxus King Suite im Obergeschoss. Wow. In einem riesigen runden Raum mit Kuppel, die komplett mit Wolkenhimmel und Goldverzierungen geschmückt ist, steht ein pompöses Himmelbett in der der Raummitte. An der Wand ist noch eine große Badewanne aus Naturstein und natürlich ein Balkon mit spektakulärer Aussicht über den Dschungel und das Trapezgerüst. Von hier oben kann man sogar das Meer sehen.

Amerikanischer Luxus-Prunk mitten in der costa-ricanischen Wildnis. Aber es ist wunderschön.

Jonas zieht sich für ein Weilchen zurück. Natürlich schläft er in der King-Suite. Ich bekomme eins der Glamping Zelte, aber auch das ist mehr als in den letzten Tagen für mich alleine hatte. Jonas sagt mir nur: „Tob dich aus." Und ich weiß gar nicht, ob ich zuerst in den Pool springen soll oder doch den Wasserfall erkunden soll. Schließlich gehe ich ins Yoga Shala und setze mich erst mal mitten auf die Fläche und genieße den Ausblick. Der Tukan ist wieder da und setzt sich diesmal auf einen Busch, ganz in der Nähe. Ich schließe für einen Moment die Augen, und da merke ich auch schon, wie mir die Tränen runterkullern - vor Freude und Dankbarkeit. Noch vor ein paar Stunden wusste ich gar nicht, was ich mit diesem Tag anfangen sollte und jetzt bin ich hier. Ich war jetzt wirklich schon an so vielen schönen Orten, mit großartigen Yoga-Shalas. Aber dieses Trainingslager ist nochmal was ganz Besonderes. Man spürt einfach die Energie, wie viele talentierte, leidenschaftliche Künstler hier schon trainiert haben.

Ich weiß nicht, wie lange ich da sitze und habe überhaupt kein Zeitgefühl mehr. Irgendwann fange ich an mich zu bewegen und langsam gehen die Bewegungen über in einen Tanz. Es fühlt sich so gut an, mich in dieser wundervollen Umgebung frei zu bewegen. Ich merke gar nicht, wie Jonas irgendwann dazukommt und die Musik anmacht. Ich tanze einfach weiter, erfinde neue Choreographien, probiere neue Bewegungen aus.

Irgendwann blicke ich mich dann doch um, und merke, dass wir plötzlich zu fünft hier im Yoga-Shala sind.

Jonas, seine zwei Mitarbeiter, ich und ... Taron? Was macht der denn hier? Ich habe Taron vergangenes Jahr in einem Partnerakrobatik Workshop bei meiner letzten Reise nach Costa Rica in einem ganz anderen Teil des Landes kennengelernt. Verrückt – und jetzt sehe ich ihn hier wieder?

„So, wir beginnen jetzt mit dem Handstand-Kurs“, verkündet Jonas. Handstand?

Und bevor ich mich umschauen kann, sind wir schon mitten drin. Jonas, der schon Anfang sechzig ist, aber fit wie ein Turnschuh, erklärt uns worauf wir achten müssen, gibt uns Vorübungen und fordert uns ganz schön heraus. Er ist ein unglaublich leidenschaftlicher Lehrer und man merkt, dass es wirklich seine ganze Erfüllung ist, hier mit uns zu trainieren.

Abends kochen wir alle zusammen und es wird ein langer, lustiger Abend, bei dem ich viel über das Leben in Costa Rica lerne und die verschiedenen Geschichten sehr genieße.

18. April.2022

Was für ein Tag! Ich wache also im Zelt in diesem Dschungel-Zirkus-Paradies auf. Ich hab schon lange nicht mehr so gut geschlafen!

5:30 Uhr - ich muss aufstehen, denn ich sollte ja einen Yoga Kurs geben.

06:00 noch ist keiner da, also mache ich erstmal mein eigenes Yogatraining. Um 6:30 kommt Jonas und wir bereiten uns langsam auf die Yogastunde vor, die anderen kommen auch nach und nach dazu.

Es macht mir wirklich viel Spaß Yoga zu unterrichten! Alle machen mit und es tut gut, mal wieder mit Künstlern zu arbeiten, die ein ganz anders Körperverständnis haben.

Ich bin so im Flow, dass ich natürlich wieder die Zeit übersehe. Jonas erinnert mich daran, dass wir langsam zum Ende kommen sollten, wir wollen ja heute noch ans Flugtrapez und im Dschungel muss man sich nach dem Wetter richten, meistens fängt es um 10:00 an zu regnen.

Okay, also los. Ich komme langsam zum Ende meiner Yogastunde und wir gehen gemeinsam rüber zum Flying Trapeze Rig.

Wow. Okay, ein bisschen aufgeregt bin ich jetzt schon. Wir bekommen einen Gurt für die Longe, die Sicherheitsleine, eine kurze Einführung und los geht´s. Einer nach dem anderen klettern wir hoch auf das acht Meter hohe Gerüst und schwingen uns am Trapez durch die Lüfte. Mit einer Hand halte ich mich am Gerüst fest, in der anderen Hand am Trapez. Jonas´ Mitarbeiterin hält mich am Sicherheitsgurt fest und auf „Hop“ geht’s los. Ich springe ab und fliege los. Alles kein Problem denke ich, ich war ja schon tausend mal auf acht Metern Höhe am Tuch oder am Seil in der Luft. Aber in dieser Geschwindigkeit zu fliegen ist doch nochmal was anderes. Hier basiert nichts auf Kraft oder Kontrolle, sondern alles auf dem richtigen Moment. Präsent sein und den richtigen Augenblick abwarten, bis die Beine nach vorne geschwungen werden. Mit jedem Durchgang wird es besser und ich möchte mehr und mehr davon. Am Ende schaffe ich es sogar bis zum Salto und bis zum „Catch“. Auf der anderen Seite des Gerüsts ist Jonas´ Mitarbeiter am Trapez und wenn wir im richtigen Moment aufeinander zu schwingen, fängt er mich an den Armen und ich kann die Beine loslassen.

So fühlt sich fliegen an!

Der Tag geht aber noch weiter. Es ist ja erst 9:30. Zusammen machen wir Frühstück und Jonas´ Mitarbeiterin, die mich gerade noch am Gerüst festgehalten hat, nimmt mich und meinen Koffer mit nach San Isidro. Das ist die zweite größere Stadt in Costa Rica. Sie setzt mich dort am Busbahnhof ab. Ich denke mir, ich werde sicher einen Bus finden, mein nächster Stopp Quepos ist ja nur 60 Kilometer entfernt.

Ja... ganz so ist das nicht wie ich dachte. Der letzte Bus fuhr gerade ab. Der nächste kommt in dreieinhalb Stunden. Naja gut. Da ich mein ganzes Gepäck dabei hab, kann ich auch nicht unbedingt die Stadt erkunden. Ich setze mich in das nächste Bistro und bestelle Gallo Pinto - Reis und Bohnen, was sonst. Nach drei Stunden, die ich auch irgendwie gebraucht habe, um diesen Tag sacken zu lassen, kehre ich zurück zum Busbahnhof. Der Bus ist schon da. Nur leider springt er nicht an. Außer mir sind noch etwa fünfzig andere, die diesen Bus nehmen wollen, immerhin ist es der letzte an diesem Tag. Ich lerne Emilio kennen, ein Reisender aus Finnland. Wir tauschen uns über unsere Reiseerlebnisse in den letzten Wochen aus, er ist schon etwas länger unterwegs als ich und erzählt mir von seinen Erlebnissen in Chile und Kolumbien. Costa Rica findet er toll, aber es ist ihm viel zu teuer hier.

Zwei Stunden später kommt endlich ein Ersatzbus und wir können die Reise nach Quepos starten. Es ist schon dunkel als wir dort ankommen.

Emilio hat einen Fahrer, der ihn zum Hotel bringt, das ganz in der Nähe meiner Unterkunft ist und so kann ich mit ihnen mitfahren. Doch auf halber Strecke merkt Emilio, dass er seine Tasche mit Kamera, Pass und Portemonnaie im Bus liegen lassen hat!

Wie es der Zufall so will, ist der Fahrer unseres Taxis der Cousin vom Busfahrer und weiß, wo die Busse nachts parken. Hier kennt auch wirklich jeder jeden!

Also fahren wir nochmal zurück und kommen gerade rechtzeitig, bevor der Busfahrer das Tor abschließt. Die Tasche ist zum Glück noch da und wir können in die Unterkunft fahren. Der Taxifahrer setzt mich ab und Emilio und ich verabreden uns zum Kaffee trinken in den nächsten Tagen.

8. Quepos

19. April 2022

Heute Morgen wache ich auf und denke mir: Heute ist der perfekte Tag, um mich endlich mal an den PC zu setzen und alles aufzuarbeiten, was die letzten Wochen liegen geblieben ist. Das klappt auch ganz gut! Etwa zwanzig Minuten lang. Dann kommt das Frühstück dazwischen, dann ein zweistündiges Telefonat mit meiner Lieblingsfreundin Lina aus Hamburg, dann rufen meine Eltern kurz an. Ja und jetzt kann ich auch nicht mehr still sitzen. Schließlich gibt es einen neuen Ort zu erkunden. Immerhin hab ich schon mal rausgefunden, wie ich zum Strand komme. Wie immer denke ich mir: Ich gehe nur kurz schauen, ich bin gleich wieder zurück. Ich muss also gar nicht viel mitnehmen. Ja und wie immer, wenn ich für dreißig Minuten spazieren gehen will, bin ich dann wieder acht Stunden irgendwo in der Wildnis unterwegs.

Erst folge ich den Schildern. Playa Macha. Playa klingt gut, da will ich hin. Die Straße ist definitiv nicht für Autos gemacht, nicht mal für Allrad. Und da ich keine Turnschuhe mehr hab – die sind ja vor ein paar Tagen im Meer verschwunden – bin ich auf meinen rutschigen Sandalen unterwegs.

Nach etwa vierzig Minuten bin ich am Strand. Und was soll ich sagen, dieses Land überrascht mich jeden Tag aufs

Neue mit der unglaublichen Schönheit der Landschaft und der Natur.

Strand kann man das gar nicht nennen. Es ist eine Bucht, umgeben vom Dschungel mit Felsen und einer kleinen Sandbank, maximal zwanzig Meter lang. Außer mir ist noch ein Pärchen und zwei ältere Herren da. Sonst niemand.

Man sieht kein Haus, keine Gebäude, keine Autos. Wenn man erst mal runtergeklettert ist, sieht man nicht mal mehr den Weg. Ein unberührtes Paradies. Es hat etwa 32 Grad, fühlt sich aber eher an wie 42, also suche ich mir einen Baum, unter den ich mich setze und genieße die Aussicht.

Das halte ich etwa fünf Minuten aus, dann muss ich wieder weiter auf Entdeckungsreise. Die Bucht ist von Steinen und Felsen umsäumt und es wäre doch gelacht, wenn ich da nicht irgendwie drüber klettern könnte, sieht nämlich so aus, also wäre da noch eine Bucht.

Gesagt, getan! Meine Klamotten zieh ich lieber aus und lasse nur noch meine rutschigen Sandalen und die Badesachen an, der Rest kommt in den Rucksack. Und schon klettere ich über die Steine. Und siehe da! Nochmal eine kleine private Bucht. Ein etwa zehn Meter langer Strand, ein Leguan und ich. Ich bin im Paradies.

Ich frage mich immer wieder, ob diese Leguane eigentlich gefährlich sind. Krallen haben die ja schon, und Zähne auch. Naja, ich hab nicht vor ihm was zu tun, und er sieht auch nicht so aus als wollte er sein Sonnenbad unterbrechen, um mich aufzufressen.

Herrlich, völlig allein in der Natur. Ich mache für einen Moment die Augen zu und genieße die Stille.

Seit dem Tag der Stille in der Yoga-Ausbildung fällt mir das plötzlich viel leichter und ich finde die Ruhe richtig entspannend.

Als ich die Augen wieder aufmache steht plötzlich ein junger Mann vor mir und hält zwei Mangos in der Hand.

Wo kommt der den plötzlich her? Auch wenn er hier aufgewachsen ist, kann er unmöglich innerhalb von zwei Sekunden über diese Felsen geklettert sein. Mit meinen spärlichen Spanischkenntnissen schaffe ich es irgendwie ein Gespräch mit ihm anzufangen. Er kam durch den Dschungel, da ist offensichtlich ein Weg. Er bietet mir eine Mango an und natürlich sage ich nicht Nein – auch wenn ziemlich klar ist, dass diese frühestens in einer Woche reif sein wird.

Wir quatschen ein bisschen und ich will mich eigentlich verabschieden und über die Felsen zurück klettern. Aber Leon, so stellt er sich mir vor, macht mich darauf aufmerksam, dass mittlerweile die Flut gestiegen ist und ich über die Felsen nicht mehr zurückkomme. Na super, schon wieder die Flut!

Naja gut, mir bleibt wohl nichts anderes übrig als ihm durch den Dschungel zu folgen. Und auch wenn ich kaum mit seinem Schritt mithalten kann, die Aussicht ist es wert! Er führt mich auf Klippen, die einen spektakulären Ausblick aufs Meer bieten. Die Aussicht ist einmalig. Irgendwann kommen wir an einer weiteren Bucht an. Leon fragt mich ob ich schwimmen will und aus Mangel an Alternativen sage ich Ja. Ich lege meine Sachen ab und will schon los ins Meer. Leon schaut mich an. Bis ich verstehe, dass er keine Schwimmsachen dabei hat, dauert es einen Moment. „Macht nichts" sage ich, denn mehr lässt mein Spanisch nicht zu. Eigentlich meine ich damit, ich geh nur kurz rein und bin gleich wieder da. Er versteht das aber anders und so schnell kann ich gar nicht schauen und ich bin in dieser verlassenen Bucht mit einem nackten CostaRicaner im Meer. Großartig, wie komme ich jetzt aus dieser Situation wieder raus? Und das wieder nur wegen der Flut, die ich unterschätzt habe.

Da kommt plötzlich eine amerikanische Familie um die Ecke und setzt sich an den Strand. Wo kommen diese Leute immer alle so plötzlich her? Jedenfalls können wir jetzt erstmal nicht aus dem Wasser, denn Leon hat ja keine Kleidung an und ganz mies will ich auch nicht sein und ihn jetzt nackt allein im Meer sitzen lassen. Ich stelle alle Fragen über das Meer und seine Bewohner, die ich mit meinem Spanisch irgendwie auf die Reihe kriege. Aber irgendwann weiß ich auch nicht mehr, was ich sagen soll. Leon erzählt mir, er ist Koch und lädt mich in sein Restaurant in Quepos ein. Außerdem muss er langsam los zur Arbeit. Ich ergreife die Chance und sage, ich müsse auch langsam los, denn meine Freundin wartet auf mich im Hotel – das ist natürlich erfunden, aber irgendwie muss ich aus dieser Situation ja wieder rauskommen. Die Amerikaner gehen zum Schwimmen ins Meer und den Moment nutzen wir, um zum Strand zurückzukommen. Wir klettern zurück durch den Dschungel und kommen zu Leons Motorrad. Eigentlich möchte ich jetzt nur noch zurück zum Hotel. Leon will mich natürlich hinbringen und dann später wieder abholen. In dem Moment fällt mir auf, ich hab meinen Hut am Strand vergessen. Ich muss nochmal zurück. Was für ein glücklicher Zufall. Da er zur Arbeit muss, kann er mich nicht begleiten. Ich gebe ihm zwar meine Nummer, damit er beruhigt ist, aber bin grade einfach froh wieder meine Ruhe zu haben.

Ich finde tatsächlich meinen Hut wieder am Strand. Allerdings bin ich jetzt wieder irgendwo im Nirgendwo. Den Weg, den ich gekommen bin, kann ich nicht nehmen, da ist ja die Flut.

Aber dann finde ich einen Weg zurück über eine Kuhweide. Es ist unglaublich heiß und ich muss mehrmals über irgendwelche Zäune klettern. Ich esse dann noch in einem kleinen Restaurant und gehe zurück in mein Hotel.

9. Montezuma

22. April 2022, mal wieder unterwegs

Heute geht die Reise weiter. Richtung Montezuma. Natürlich könnte ich die Touristen-Version wählen und mich mit dem Shuttle abholen lassen und dann mit dem Speed Boat fahren. Aber ich will die authentische Version erleben und nehme den lokalen Bus. Erstmal bringt mich der Bus drei Stunden lang nach Puntarenas. Es ist unglaublich heiß und meine Klamotten kleben überall an mir.

Ich habe noch nicht verstanden, warum die Busse hier immer nur bis zum Stadtzentrum fahren, wenn doch alle zum Hafen müssen. Nun gut. Schnell lerne ich drei Engländer kennen, die auch zur Fähre wollen, und freunde mich flott mit ihnen an, damit wir ein Taxi teilen können. Und dann geht´s zum Hafen Puerto Puntarenas, wo die Fähre schon auf uns wartet. Ich habe schon ein Ticket, deshalb verabschiede ich mich auch prompt wieder von den Engländern. Die waren zwar nett, aber ich genieße die Zeit unterwegs am liebsten allein, da kann ich meine Gedanken sortieren und die Erlebnisse der letzten Tage besser verarbeiten.

Da ich immer noch mit meinem Koffer unterwegs bin, klettere ich nicht bis aufs obere Deck, sondern lasse mich hinten in der Fähre nieder. Hier kann ich die nächste Stunde beobachten, wie viele Autos und LKWs auf so eine

Fähre passen. Kaum zu glauben, dass das Ding immer noch schwimmt, mit so vielen Fahrzeugen an Bord.

Nach einer Stunde Fahrt erreichen wir Paquera. Dort ist das Bus-System etwas besser aufgestellt. Der Bus steht schon am Hafen zur Abfahrt bereit. Das Hotel ist direkt am Busbahnhof. Wenigstens das läuft.

Ich bin total im Eimer und will eigentlich nur schlafen.

Als ich ins Hotel gehe, trifft mich eine Welle von ganz sonderbarer Energie. Ich kann es kaum beschreiben, aber irgendetwas fühlt sich plötzlich ganz komisch an. Naja, wahrscheinlich bin ich einfach müde.

Ich gehe zur Rezeption. Das Hotel habe ich bereits im Vorfeld gebucht, das fühlte sich einfach stressfreier an. Nun muss ich erstmal meinen Reisepass vorzeigen und dann bekomme ich einen Schlüssel und das wars. Ich frage noch, ob ich nicht zu meinem Zimmer geführt werde. Der Herr zeigt aber einfach in eine Richtung, in der sich das Zimmer wohl befindet.

Ich bin ganz verwirrt. Wir befinden uns doch noch in der Rezeption? Schnell stelle ich fest, dass das alles ist, was dieses Hotel zu bieten hat. Ein großer Raum in dem zwei ranzige Hängematten hängen, und eine Art Holzbox, die als Rezeption dient. Daneben ein Waschbecken mit einem zerbrochenen Spiegel. Ich stelle erst später fest, dass es sich hierbei um das „Gemeinschaftsbad“ handelt. Zähne geputzt wird hier also direkt in der Rezeption. Die Tür zur Toilette kann man nur anlehnen und die Dusche ist auch direkt dabei, und zwar genau über der Toilette. Sowas habe ich bisher nur auf Schiffen gesehen.

Mein Zimmer besteht aus einem Bett, das so klein ist, dass ich nicht mal die Beine ausstrecken kann. Dabei bin ich gerade mal 1,60 Meter groß. Das ganze Zimmer riecht nach Schimmel. Es gibt ein Fenster, aber das aufzumachen bedeutet, dass der Geruch der danebenstehenden Mülltonnen schlagartig hereinzieht. Dann sehe ich die ganzen kleinen Tierchen, die auf meiner Bettdecke kriechen.

Oh Mann, ich muss hier raus. Ich lasse meinen Koffer noch zu, schnappe mir meine Badesachen und stürme ins Freie. Glücklicherweise sind es keine zwanzig Meter bis zum Strand.

Ich bin völlig fertig von der Fahrt und gleichzeitig auch ziemlich überfordert von diesem Ort. Was mache ich denn jetzt? Wie lange habe ich nochmal gebucht? Zehn Tage! Unmöglich. Ich kann nicht mal eine Nacht dort verbringen.

Aber das Meer tut mir gut. Der Strand ist hier wieder komplett anders. Spitze Felsen ragen überall aus dem Wasser und geben dem ganzen einen magischen Eindruck. Das Wasser scheint einen ganz anderen Blauton zu haben als drüben in Quepos. Klar, hier ist auch die Sonnenaufgangsseite. Es ist bald 17 Uhr und die Sonne ist schon längst hinter den Hügeln verschwunden. Ich wandere eine Weile am Strand entlang und entdecke zahlreiche Muscheln und Krebse. Auch die Bäume haben wieder ganz andere Formen hier. Es gibt nicht so viele

Palmen, dafür zahlreiche Mandelbäume. Mandelbäume! Da steigt direkt Hoffnung in mir auf. Die sind super, um mein Seil daran aufzuhängen in den nächsten Tagen.

So langsam beruhige ich mich ein bisschen. Ich beschließe zurück ins Hotel zu gehen. Bis ich dort ankomme, lege ich dann aber doch noch mehrere Stopps ein. Ein Cappuccino hier, ein Eis da und dann noch diese ganzen Souvenirläden. Schnell springe ich auch nochmal ins Meer.

Dann ist es plötzlich 21 Uhr. Jetzt finde ich garantiert kein anderes Hotel mehr. Ich beschließe, dass mich eine Nacht dort sicher nicht umbringt. Mit meiner Zahnbürste stelle ich mich also neben die Rezeption und putze mir die Zähne im öffentlichen Bad. Jeder, der auf der Straße vorbei geht, kann mir praktisch dabei zusehen.

Die Bettdecke ersetze ich durch mein eigenes Handtuch und die Tatsache, dass es gefühlt 40 Grad in dem Zimmer hat, versuche ich einfach mal zu ignorieren. Ich werde mich einfach morgen darum kümmern. Hundemüde schlafe ich irgendwann ein.

23. April 2022

Heute habe ich Michael und Daniela aus der Schweiz kennengelernt. Die beiden leben hier in Montezuma. Daniela seit 20 Jahren, Michael seit 30 Jahren.

Michael sieht man sofort an, dass er Künstler ist. Wir kommen ins Gespräch und so erfahre ich auch, dass er Jonas kennt, den ich vor ein paar Tagen im Airborne Arts kennengelernt habe. Von Michael stammen die wunderschön verzierten Wände und der Wolkenhimmel in der Suite. Er erzählt mir, 1989 wollte er für sechs Monate durch Latein- und Südamerika trampen, von Mexico bis nach Patagonien. Das war damals gar nicht so leicht, mit dem Krieg und so. Also hat er beschlossen ein Weilchen länger in Costa Rica zu stoppen. Heute, 30 Jahre später, ist er sozusagen immer noch auf dem Weg nach Patagonien. Hier lebt Michael davon „Living Space" zu kreieren. Genauer gesagt: Er findet Dinge in der Natur, wie zum Beispiel Holz oder Steine, und bastelt daraus Skulpturen, die er dann teuer an Hotels verkauft. Meistens kommt dann noch ein Wandgemälde dazu.

Daniela ist Yoga-Lehrerin und hat nach 20 Jahren ihr Yoga-Studio hier aufgegeben, weil Sie wieder mehr reisen möchte und Europa vermisst. Für mich gerade noch unverständlich, aber es ist total schön mit Menschen zu sprechen, die diese Reise, auf der ich mich gerade befinde, schon vor Jahrzehnten gemacht haben. Und auch Daniela erzählt, trotz Yoga, trotz Pura Vida weiß sie manchmal nicht wie sie mit all den Herausforderungen umgehen soll. Doch der Strand, das Meer und die Natur helfen unglaublich dabei.

Daniela gibt ein Yoga-Retreat in einem Hotel in der Nähe für fünf Tage nächste Woche und lädt mich ein, dabei zu sein. Das lass ich mir natürlich nicht entgehen! Immer gut,

Kontakte zu knüpfen. Wenn ich etwas im Showbusiness gelernt habe, dann das.

23:59 Uhr

So mir reichts! Ich kann nicht mehr. Dieses Hotel ist ein Alptraum. Ich habe das Gefühl die Bettflöhe fressen mich bei lebendigem Leib! Ich wollte zwar in ein paar Stunden schon wieder aufstehen, aber hier liegen bleiben kann ich jetzt auf keinen Fall. Also raus, ans Meer. Zum Glück ist das nur ein paar Schritte entfernt. Endlich bin ich am Strand. Aber anstatt Meeresrauschen höre ich nur Techno-Musik, anstatt salziger Luft rieche ich nur Weed.

Was tagsüber einer der schönsten Orte dieses Landes ist, scheint nachts ein Party-Drogen-Albtraum zu sein!

Also am Strand kann ich mich auch nicht beruhigen. Ich hab keine Taschenlampe dabei, also sehe ich nichts und natürlich steige ich auch noch auf einen Krebs, der mich direkt zwickt. Also treffe ich eine Entscheidung: Morgen früh stehe ich auf und suche mir eine neue Unterkunft! Hier bleibe ich keinen Tag länger. Warum nochmal habe ich direkt für zehn Nächte gebucht? Warum nochmal habe ich direkt bezahlt, bevor ich mir das ganze mal angesehen habe? Oh Mann, also ich lerne immer wieder dazu.

Ich gehe wieder zurück ins Hotel und ziehe mir so viele Klamotten an, wie ich kann. Hauptsache diese Bettflöhe kriegen mich nicht mehr! Es ist unglaublich heiß, ich kann immer noch nicht schlafen und ich schwitze wie verrückt.

24. April 2022, 05:30 Uhr

Natürlich verpasse ich den Sonnenaufgang, da ich ja kaum geschlafen habe.

Ich entscheide mich aber trotzdem, keine Sekunde länger in diesem ekeligen Bett liegen zu bleiben. Ich schnappe meine Yoga-Matte, mein Seil und die Kamera und los geht's. Schon gestern habe ich den perfekten Trainingsplatz am Meer gefunden. Ein einigermaßen ebenes Stück Strand für meine Yoga-Praxis und daneben ein Mandel-Baum der fast horizontal Richtung Meer wächst – perfekt um mein Seil daran aufzuhängen.

Erst fällt es mir schwer im Moment anzukommen, aber schon nach einigen Atemzügen und den ersten Flows auf der Matte merke ich, wie gerade ganz viel Stress von mir abfällt. Hier fühle ich mich sicher, hier fühle ich mich wohl. Am Strand in der Natur.

Dann hänge ich mein Seil auf. Es ist mittlerweile 06:30 und schon ziemlich heiß. Ich merke, wie die Anspannung aber noch in meinem Körper ist. Am Seil fühle ich mich heute nicht besonders stark und auch überhaupt nicht kreativ. Mir fallen höchstens ein paar alte Sequenzen ein, an neue Choreographien ist heute morgen nicht zu denken. Ein Leguan über mir auf dem Baum entscheidet, seine morgendliche Toilette direkt über meinem Rucksack zu erledigen. Na toll. Jetzt hab ich auch keinen Bock mehr. Ich klettere wieder auf den Baum und hole mein Seil runter, packe alles ein und gehe zurück zum Hotel um meinen Koffer zu packen. Schnell laufe ich am Frühstücksbuffet vorbei. Schon allein vom Geruch des alten Öls wird mir schlecht.

Ich gönne mir heute einen Latte Macchiatto und ein Schokocroissant in der Bäckerei. Dann nehme ich den Bus nach Cobano. Das ist die nächste Stadt in der es einen Geldautomaten gibt. Sie liegt nur sieben Kilometer entfernt, es dauert aber trotzdem eine halbe Stunde bis wir da sind.

Ich nutze die Zeit zum Nachdenken. Also irgendwie läuft grad alles nicht nach Plan, aber dennoch habe ich ja selber in der Hand wie meine Reaktionen auf die Herausforderungen sind. Ich nehme mir vor, die Dinge, die passieren nicht mehr so persönlich zu nehmen und sie einfach mit Neugier zu beobachten.

Endlich kommen wir in Cobano an. Ich gehe zur Bank und will Geld abheben. Geht nicht. Ich versuche es an allen 3 Automaten immer wieder, denn um eine neue Unterkunft zu finden brauche ich Bargeld. Wir sind hier zu abgelegen, als dass man hier einfach überall mit Kreditkarte bezahlen könnte. Irgendwann krieg ich dann 100 Dollar und ein paar Colones raus. Das hat mich mehrere Transaktionen gekostet und wahrscheinlich genau so viel Bearbeitungsgebühr wie ich am Ende Geld bekommen habe. Aber nutzt ja nichts. Und reichen tut es auch nicht.

Mein Handy vibriert und ich bekomme eine SMS von der Bank: „Ihre Kreditkarte wurde aus Sicherheitsgründen gesperrt!“

Wunderbar. Was kommt wohl jetzt noch alles?

Ich kaufe mir im Supermarkt noch schnell eine Packung Müsli und ein paar Kekse, um zumindest einen Tag zu überbrücken. Dann will ich den nächsten Bus zurück nehmen. Der kommt erst in 3 Stunden – es wird immer besser. Auch wenn ich oft über die öffentlichen Verkehrsmittel in Deutschland fluche, vermisse ich sie grade unglaublich.

Dann suche ich mir eben ein Taxi. Als ich einen Einheimischen nach dem nächsten Taxistand frage, schüttelt er nur lachend den Kopf: „Sowas haben wir hier nicht. Das ist doch keine Großstadt.“ Das gibt es doch nicht.

Okay dann laufe ich halt. Es sind sieben Kilometer den Berg runter, und entweder fängt es gleich zu regnen an oder es wird wieder brutal heiß. Ich hab auch mal wieder nichts zu trinken dabei. Ach was, wird schon irgendwie klappen.

Weit komme ich nicht, da hält ein junger Mann mit Moped an. Er hat ein Surfbrett dabei und eigentlich so schon kaum Platz auf seinem Fahrzeug. Dennoch fragt er, ob er mich mitnehmen soll.

In Deutschland würde ich niemals bei irgendjemand Fremden mitfahren.

„Na klar!!!“, antworte ich ihm und hüpfe auf das Moped, zwischen uns das Surfbrett und meine Packung Müsli. Ich klammere mich fest und los geht´s. Da fällt mir grad wieder ein, wie steil der Berg ja ist. Mit einer Hand halte ich meinen Hut und die Sonnenbrille fest mit der anderen klammere ich mich an Kedall, so stellt sich mein Retter vor. Er fragt mich, wo ich hin will. „Montezuma“, sage ich. „Und das wolltest du laufen? Das ist ja verrückt!“, antwortet Kedall. Er fragt mich alle möglichen Sachen, wo ich herkomme, ob ich surfe, wie lange ich hier bleibe. Ich bin so damit beschäftigt, mich an ihm und dem Surfbrett, und irgendwie auch an meinem Leben, festzuklammern, dass es mir fast nicht gelingt die Fragen zu beantworten, und noch dazu auf Spanisch.

Bei jeder Kurve, die wir erreichen, wird mir schlecht. Die Straße ist nur breit genug für ein Auto. Falls also von unten ein Auto herauf kommt, haben wir keine Chance noch rechtzeitig zu bremsen. Ich bin mir nicht mal sicher, ob die Bremsen dieses Mopeds funktionieren.

Wie durch ein Wunder kommen wir aber doch heil in Montezuma an. Kedall gibt mir seine Nummer, falls ich doch irgendwann surfen lernen möchte und verabschiedet sich mit „Pura Vida“.

Was dieser Tag wohl noch so alles für mich bereit hält?

Ich gehe zurück ins Zimmer, zu meinen gepackten Koffern und sehe eine Nachricht auf meinem Handy. Anja, die ich vor zwei Tagen kennen gelernt habe. Sie hat hier ein Studio für Aerial Yoga und das ist auch der Grund, warum ich nach Montezuma gereist bin. Anja schreibt mir: „Hey Julia, falls du Lust hast, hier im Studio ist noch ein Zimmer frei geworden für die nächsten Tage."

Ob ich Lust habe? Was für eine Frage! Das Timing könnte besser nicht sein. Auf geht´s.

Ich schnappe meine Koffer, und schaffe es sogar irgendwie einen Fahrer zu organisieren.

Als ich nach 15 Minuten Fahrt ankomme, fühlt es sich an, als würde ich in eine komplett neue Welt eintauchen. Ich war am Samstag schon hier zum Training, aber da habe ich noch nicht realisiert, dass dieses wundervolle Trainings-Studio auch Zimmer hat. Naja, Ranchitos eher. Kleine Hütten mit jeweils zwei Betten, einem Ventilator und einer Hängematte. Umgeben von Dschungel. Ich höre die Affen, die Vögel und das Meer. Jetzt bin ich wieder, wo ich hingehöre.

Ich merke förmlich, wie meine Schultern um mindestens zehn Zentimeter tiefer sinken, so viel Ballast gebe ich gerade ab. Ich lerne Dona Nina, die Besitzerin, kennen. Sie und ihre zwei Schülerinnen, die bei ihr eine drei-monatige Ausbildung in intuitiver Bewegung und Sprache machen, bereiten gerade ein Fest vor. Denn Ninas Mutter wird heute 94!

Ich bin natürlich direkt zur Feier eingeladen. Wir essen Reis mit Gemüse, Ceviche und Kochbananen und trinken dazu Ingwerwasser und Wein. Es wird getanzt und gelacht. Alle Nachbarn sind eingeladen. Wir sind etwa zehn Leute aus insgesamt sechs verschiedenen Ländern. Nina fängt an zu erzählen. Die 74-Jährige hat einen Doktor in Neurowissenschaft für intuitive Bewegungen und hat diesen Ort hier vor dreißig Jahren kreiert um Künstlern und Bewegungsinterssierten Raum und Platz zu schaffen. Umgeben von Natur, Ozean und mit einem unglaublichen Yogastudio, dass nicht nur perfekten Boden hat, sondern auch sieben Aufhängepunkte für Luftakrobatik.

Dann gesellt sich Ninas Nachbarin zur Feier. Sie kommt aus Kuba und hat in Stockholm an einer Montessori Schule unterrichtet. Ihre Tochter ist Model in New York. Und jetzt lebt sie hier im Dschungel und genießt das Leben. Dann lerne ich noch Kuri kennen, sie kommt aus Estland und ist seit sechs Monaten hier und schreibt an ihrem Buch.

Und so geht die Runde weiter.

Ich bin total inspiriert. Wir essen viel zu viel und dann gibt es auch noch Kuchen. Schließlich kommt Anja noch dazu und wir tanzen gemeinsam Salsa.

Todmüde aber unglaublich glücklich falle ich an diesem Abend in meinem Ranchito ins Bett und kann es kaum erwarten morgen früh aufzustehen und an diesem tollen Ort, mit diesen wundervollen Menschen zu trainieren.

Ich denke nochmal kurz darüber nach, was die letzten Tage passiert ist. Seit ich in Montezuma angekommen bin, ging alles schief, angefangen von dem schrecklichen Hotel bis hin zu meiner gesperrten Kreditkarte. Bis ich im Bus entschieden habe mich wieder auf die schönen Ding zu konzentrieren und prompt habe ich wieder positive Energie ausgestrahlt und offensichtlich auch angezogen. Eigentlich ist es so einfach. Wieso vergesse ich das immer wieder?

24. April 2022

Heute wache ich trotzdem noch ziemlich durcheinander auf. Es ist 5:30 als ich auf die Uhr schaue. Na toll, schon wieder den Sonnenaufgang verpasst, der ist genau jetzt.

Ich mache mich langsam fertig und schnappe meine Yogamatte und gehe zum Strand. Meine morgendliche Yoga-Routine bringt mich wirklich immer wieder ins Hier und Jetzt zurück. Ohne sie wäre ich bestimmt schon lange wahnsinnig geworden. Ich komme am Strand an und sehe, dass es bewölkt ist. Also hätte ich den Sonnenaufgang sowieso nicht gesehen. Mal wieder umsonst geärgert.

Nach dem Yoga mache ich mir Frühstück und gehe ins Studio. Es ist wirklich ein besonderer Ort. Man spürt, dass die Menschen hier wirklich nur gute Energie in das Studio bringen. Ich setzt meine Headphones auf, mache Musik an und lasse mich inspirieren. Ich fange erstmal mit ein bisschen Ballett zum warm werden an. Wow, ich merke echt, wie ich meinen Körper vernachlässigt habe in letzter Zeit. Und gleichzeitig spüre ich diese Welle von Glückshormonen, die durch meinen Körper fließt, weil ich endlich wieder tanzen kann. Als Künstlerin ist es einfach so wichtig einen Raum zu haben, in dem ich mich ausdrücken kann, mich frei bewegen kann und ungestört experimentieren kann.

Ich mache also ein bisschen Ballett, dann ein bisschen Contemporary Dance, wälze mich am Boden, laufe die ganze Fläche ab, experimentiere mit geschlossenen Augen – Wow, fühlt sich das gut an.

Ich gehe Nina suchen, um noch mal sicher zu bestätigen, dass ich die Aerial-Aufhängung nutzen kann. Sie verkündet zwar, dass das Studio eigentlich nicht dafür gemacht ist. „Aber wird schon halten, mach halt einfach keine Saltos." Okay, das ist Costa Rica Style an Sicherheitsvorkehrungen. Dann bin ich halt vorsichtig. Es dauert ein bisschen, bis ich mich da wieder voll dran gewöhnt habe. Ich habe jetzt ganze zwei Wochen nicht vernünftig trainieren können, und das merkt mein Körper ganz schön.

Die Zeit geht schnell um und dann fängt auch schon meine Klasse mit Anja an. Sie bringt viele neue Ansätze in mein Training und ich bin ganz inspiriert mit welcher Leidenschaft und Geduld sie mir ihr System erklärt, das

Resultat von jahrelanger Recherche am eigenen Körper ist.

Danach mache ich kurz Pause, esse schnell was und gehe zum Strand.

Aber da ist es wieder. Plötzlich überkommt mich ein Gefühl von unglaublicher Unsicherheit und Frustration. Ich frage mich, was ich überhaupt hier mache und ob ich nicht lieber zu Hause in Deutschland sein sollte und irgendwelchen Kids tanzen beibringen soll. Was hat die Welt davon, dass ich durch Costa Rica toure, mein ganzes Geld ausgebe und eigentlich immer noch nicht weiß wonach ich suche? Dann bin ich frustriert, weil ich gerade so einen guten Vormittag hatte und jetzt anscheinend wieder voll zurück falle. Ich versuche ein bisschen zu meditieren, aber das klappt gar nicht.

Also gehe ich zurück zum Studio und sehe, dass es gerade unbenutzt ist. Dann hole ich eben nochmal mein Seil raus und trainiere ein bisschen für mich.

Und es ist das wahrscheinlich beste Training was ich in langer Zeit hatte! Ich spüre meinen Körper wieder. Das Seil und ich verschmelzen zu einem Pas de Deux. Ich habe kein Zeitgefühl mehr und kann mich ganz fallen lassen.

Dieses ständige Auf und Ab! Ich erinnere mich jetzt wieder an die Worte von unserer Yoga-Lehrerin aus der Ausbildung: „Das Leben besteht aus Gut und Böse, aus Tag und Nacht, aus Licht und Dunkelheit." Ich konnte damit nie so richtig was anfangen. Aber jetzt fängt es an Sinn zu machen. Es gibt einfach immer zwei Seiten und die Balance zu finden, ist der Schlüssel.

Etwas später kommen Nina und ihre zwei Schülerinnen. Sie lädt mich ein, bei ihrem Kurs „authentic movement" mitzumachen. Klar, ich mach alles mit! Auch wenn ich keine Ahnung habe, was das sein soll.

Was die 74-Jährige in den nächsten zwei Stunden mit uns macht, ist einzigartig. Diese Frau hat ein unglaubliches Wissen und eine großartige Leidenschaft. Die ersten 15 Minuten beschäftigen wir uns nur mit unseren Füßen - die Verbindung zur Erde. Was man mit zwei Füßen alles machen kann! Ich dachte als Tänzerin, hätte ich ein ziemlich gutes Verhältnis zu meinen Füßen. Aber Nina zeigt mir viele neue Ansätze.

Dann setzten wir uns in einen Kreis, schließen die Augen und bringen mit unseren Stimmen das ganze Studio zum schwingen. Wir singen verschiedene Vokale in verschiedenen Tonlagen und konzentrieren uns dabei ganz auf die Vibration in unserem Kopf. Auch wenn keine von uns wirklich singen kann, klingt es wunderbar. Dann holt Nina Gymnastikbälle heraus und wir experimentieren, was man damit alles anstellen kann.

Zwischendurch muss ich mir auch ein bisschen das Lachen verkneifen. Jetzt bin ich hier mitten im Dschungel, erlebe eine Achterbahnfahrt aus verschiedenen Gefühlen und nehme Unterricht bei einer 74-jährigen Venezuelanerin, wie man sich mit Gymnastikbällen möglichst authentisch über den Boden wälzt. Und noch dazu auf Spanisch.

Aber ich habe gerade die beste Zeit unseres Lebens. Nina schafft es wirklich, uns für alles zu begeistern. Nach dem wir uns dann noch 15 Minuten lang mit geschlossenen Augen „intuitiv" durch das Studio bewegen ist die Stunde zu ende und ich bin Feuer und Flamme. „Authentic Movement" Nina schickt mir noch Videos und empfiehlt mir Bücher und ich bin ganz begeistert, was es noch alles Tolles zu entdecken gibt.

Heute ist wirklich ein gutes Beispiel für die tägliche Berg- und Talfahrt, die ich gerade durchmache! Ich realisiere mehr und mehr, dass das Leben eben wie ein großer Spielplatz ist. Manches läuft super, manches halt nicht, aber nichts davon ist es wert, sich komplett darüber zu identifizieren. Ich versuche alle Erfahrungen mitzunehmen, ohne sie zu bewerten oder in eine Schublade für „Gut" oder „Schlecht" zu stecken. Manchmal klappt das sogar. Ich bin schon so gespannt, was mich die nächsten Tage noch alles erwartet.

26. April 2022

Heute stehe ich mit einem neuen Gefühl auf. Ich kann es noch nicht so richtig einordnen. Den Sonnenaufgang habe ich wieder knapp verpasst, aber das macht nichts, denn bestimmt ist es wieder bewölkt. Ich hüpfe in mein Yoga-Outfit, ziehe mir meine neuen Turnschuhe an und marschiere los. Heute beginnt um 7:30 das Yoga Retreat mit Daniela. Sie hat im Vorfeld eine WhatsApp Gruppe gegründet mit Menschen, die mich mit dem Auto den Berg hoch mitnehmen können. Aber bis zum Fuß des Berges muss ich trotzdem erstmal kommen, das sind ca. 45 Minuten Fußmarsch. Bei dem was ich die letzte Zeit rumgelaufen bin sind 45 Minuten ja nichts!

Ich laufe los und genieße die Aussicht, das Meer am Morgen hat eine ganz besondere Energie.

Natürlich komme ich überpünklich an und warte am Treffpunkt auf das Auto, das mich gleich abholen soll. Wird schon passen.

Da kommt es auch schon. Ein bunter Haufen quirliger Frauen begrüßt mich. Die Fahrerin Brigitte kommt aus Deutschland, die Beifahrerin Tammy aus England und hinten sitzen Leloo aus dem Iran und ich. Eine lustige Gruppe. Die Fahrt dauert nur 15 Minuten, aber das reicht um alles über diese drei Frauen zu erfahren. Brigitte, etwa Anfang 60, wohnt seit 30 Jahren hier, hat ein Hotel und eine Sprachschule und ist eine ganz lustige Nudel. Tammy ist etwa im selben Alter und wollte eigentlich in der Rente nach Thailand auswandern. Dann kam die Pandemie und sie hat ihr Business in England aufgegeben und ist einfach mal drauf los. Sie kam nur mit einem kleinen Rucksack, da sie ja nur ein bisschen rumreisen wollte. Mittlerweile ist sie seit zwei Jahren hier, hat ein kleines Häuschen und seit kurzem einen Hund, der ihr zugelaufen ist. Leloo ist seit fünf Monaten am Reisen, aber eigentlich war sie die letzten vier Monate hier in Montezuma. Der Ort hat wohl wirklich was, dass Menschen immer wieder hier her zurückkommen.

Auf geht´s also zur Yoga-Klasse im luxuriösen Aves Resort. Ich freue mich über die wundervolle Aussicht, hoch über den Bäumen mit Blick aufs Meer. Und es tut auch unglaublich gut wieder in der Gemeinschaft zu trainieren. Klar ist es super schön, ganz allein am Strand mein Morgen-Yoga zu machen, aber in dieser Community ist es auch wirklich besonders. Also wieder die Balance von beidem.

Brigitte nimmt mich dann wieder mit ins Tal und wir verabreden uns für morgen.

Bis mich der Mini-Bus zurück zum Studio bringt habe ich noch etwas Zeit.

Mir fällt ein, es gab ja einen Wasserfall hier. Wo war der nochmal? Ach, werde ich schon finden.

So etwas wie Wegschilder gibt es hier nicht, aber ich laufe mal drauf los. Das kenne ich ja jetzt schon.

Plötzlich kommen mir bekannte Gesichter entgegen. Das gibt es doch nicht! Da sind Max und Ulla! Die holländische Familie, die ich auf der Dolphin´s Quest Farm kennen gelernt habe. Die zwei Töchter fallen mir direkt um den Hals. Die Familie ist jetzt mit dem Van unterwegs und für zwei Tage in Montezuma. Dass wir genau zur gleichen Zeit, diesen Weg zum Wasserfall wandern ist aber schon ein lustiger Zufall. Naja, Zufälle gibt es nicht. Wir quatschen ein bisschen und bringen uns auf den neuesten Stand, was wir alles erlebt haben in den letzten Tagen. Dann wandere ich weiter. Weit ist es nicht mehr. Ich kann den Wasserfall schon hören.

Da ist er. Das hat sich wirklich gelohnt. Das Wasser stürzt gute zwanzig Meter in die Tiefe. Ein wunderschönes Becken, gesäumt von Wald und Felsen, lädt zum Schwimmen ein. Ich weiß gar nicht, was spektakulärer ist: der Wasserfall selbst oder die jungen Männer, die sich da mit akrobatischen Sprüngen von den Steinen ins Wasser stürzen. Ich schaue ihnen eine Weile zu und schwimme dann selbst zum Wasserfall. Einfach herrlich, wenn das Wasser direkt von oben auf mich zu prescht.

Als ich wieder hinunter wandere, um den Bus zu erwischen, habe ich das Gefühl, heute endlich in diesem Dorf angekommen zu sein. Die ersten Tage waren etwas holprig. Aber das gehört auch dazu. Ich bin sehr dankbar, das Land von allen Seiten kennen zu lernen.

Nina kommt abends noch vorbei und bringt mir eine neue Glühbirne für die Leselampe. Wir plaudern ein bisschen und heute falle ich wirklich glücklich ins Bett. Ich bin sehr gespannt, mit welchem Gefühl ich morgen dann wieder aufwachen werde.

30. April 2022

Morgen ist schon der 1. Mai. Wo ist die Zeit hingekommen? Meine letzten drei Wochen in Costa Rica brechen bald an.

Es ist echt eine Berg- und Talfahrt hier. Ich wechsle im Minutentakt zwischen: „Ah, ich möchte jetzt nach Hause!" zu „Wow, ist das toll hier! am besten kaufe ich mir gleich ein Haus und bleibe für immer hier!"

Mein Körper tut weh, das bin ich nicht gewohnt. Aber wahrscheinlich weil ich so viel laufe und gerade wie eine verrückte trainiere, da ich ja gerade ein Studio zur Verfügung habe und nicht immer erst auf einen Baum klettern muss, um mein Seil da irgendwo anzubringen.

Vor zwei Tagen habe ich mir das wunderschöne Anamaya Resort in den Bergen angeschaut! Schon seit drei Jahren verfolge ich diesen Ort über Instagram und habe mir immer vorgestellt da mal hinzufahren. Ein Luxus-Resort in den Bergen Montezumas mit traumhaftem Ausblick auf den Ozean.

Ich dachte, probieren kann man es ja mal und so habe ich eine Mail hingeschickt und gesagt ich möchte mir das Resort mal anschauen, kann ja sein, dass ich irgendwann in Zukunft dort als Yoga-Lehrerin arbeiten möchte. Und das hat erstaunlich gut geklappt. Ein unglaublich fröhlicher costa-ricanischer Manager hat mir alle Fragen beantwortet und mich an die schönsten Orte geführt. Es war einfach magisch. Was erst nur daher gesagt war, um mir das Resort anzuschauen, wächst in meinem Kopf gerade zu einer Idee heran. Und wenn man Ideen erst mal einlädt, nehmen die Dinge so ihren Lauf...

(Auch hier hatte ich zu dem Zeitpunkt noch keine Ahnung, dass ich bereits zwei Monate später einen Vertrag mit dem Resort ausgehandelt habe und im darauf folgenden Jahr mein erstes Aerial & Yoga Retreat dort geben werde.)

Beim Frühstück danach lerne ich Anne-Marie kennen. Sie kommt aus Holland und ist sechs Wochen allein unterwegs. Sie ist mir auf Anhieb sympathisch, denn sie hat noch weniger Plan als ich, wann sie wohin will. Hauptsache Costa Rica sehen.

Anne-Marie erzählt ein bisschen und irgendwann kommen wir auf das Thema Yoga. Anne-Marie möchte gerne Yoga Stunden machen, weiß aber nicht wo! Also nehme ich sie mit zum Retreat von Daniela. Das passt super, denn eine Teilnehmerin kann nicht mehr kommen, und so ist ein Platz frei. Das Yoga-Taxi holt uns ab und wir fahren den Berg hoch. Auf dem Weg hoch erzählt Tine, eine Reisende aus Hamburg, dass sie unglaublich Kopfschmerzen hat. Da erfahren wir, dass Anne-Maire Shiatsumasseurin ist und Tine bekommt prompt vor der Yogastunde noch eine Massage.

Nach der Stunde gehe ich mit Anne-Marie und Tine Kaffee trinken. Tine erzählt wie sie hier in Montezuma gelandet ist. Sie wollte drei Wochen in Costa Rica Urlaub machen, wusste aber nicht so richtig wo und hat dann einen Flug nach Tambor, das ist ein kleines Dorf in der Nähe von Montezuma, gebucht. Sie kam dort an, hatte keine Unterkunft und spricht auch kein Spanisch. Glücklicherweise hat sie am Flughafen eine Frau kennen gelernt, die gerade ihre Mutter zum Flughafen brachte. Sie kamen ins Gespräch und 15 Minuten später saß Tine im Auto der Frau und wohnt nun seit zwei Wochen dort und passt auf die Kinder auf, während die Frau arbeiten geht. Dafür hat sie eine Unterkunft und bekommt dreimal am Tag leckeres Essen.

Das passiert auch wirklich nur hier. Wir quatschen weiter und Anne-Marie erzählt, sie ist außerdem noch Business Coach und bäckt vegane Torten und möchte irgendwann Retreats anbieten, sucht aber noch eine Yoga-Lehrerin dafür. Jetzt kommen wir ins Gespräch.

Irgendwann gesellt sich noch Sally aus unserem Yoga-Retreat zu uns. Sie kommt aus Kanada und ist auf der Flucht vor der Versicherung. Naja mehr oder weniger. Sie erholt sich von einer schweren Kopfverletzung und die kanadische Versicherung möchte, dass sie zu Hause bleibt und nicht ins Ausland geht oder sonstiges. Sally ist aber der Meinung, dass sie definitiv nicht zu Hause rumhocken möchte, um gesund zu werden. Und so ist sie nach Costa-Rica gekommen und bleibt so lange hier, wie es geht. Aufgrund der Kopfverletzung vergisst sie manchmal, wo sie wohnt, oder wo sie gerade hin will. Aber bisher hat immer alles gut geklappt.

Die Bekanntschaften, die ich hier mache, sind einfach so vielfältig und unglaublich interessant.

Heute war der letzte Tag unseres Yoga-Retreats und die anderen drei Damen möchten gerne weiter Yoga machen. Gut, dass ich jetzt meine Ausbildung abgeschlossen habe. So verabreden wir uns für den nächsten Morgen und ich gebe eine Yogastunde am Strand.

Wenn man erstmal loslässt, kommt plötzlich alles von alleine ins Rollen.

10. Eine Nacht in der Zivilisation

2. Mai 2022

Ich bin mal wieder unterwegs zur nächsten Location. Das Ziel ist Puerto Viejo. Den Weg schaffe ich aber nur in zwei Etappen. Nach sechs Stunden unterwegs gönne ich mir heute ein wirklich schönes Hotelzimmer in San José, bevor ich den Rest der Strecke morgen antrete.

Wow, ich wusste gar nicht wie sehr ich eine warme Dusche vermisst habe. Ich habe ein Zimmer, in dem das Bad direkt dran ist. Ich muss mir keine Regenjacke überwerfen, wenn ich nachts aufs Klo muss und ich muss auch keine Taschenlampe mitnehmen, um nicht aus Versehen auf Tiere zu treten. Ich werde heute einfach schlafen gehen, ohne vorher irgendwelche Spinnen, Moskitos oder sogar Skorpione aus meinem Bett zu vertreiben. Das Dschungelleben ist toll, aber ab und zu ein Tag in der Normalität ist auch einfach grandios!

Es gibt eine Bar und eine Gemeinschaftsküche. Die Techno-Musik aus der Bar hat irgendwie etwas Vertrautes. Ich hätte es nicht gedacht, aber es ist fast erleichternd, den Lärm des Dschungels nicht zu hören. Jetzt erst merke ich wie viel Energie da eigentlich jeden Tag auf mich zugekommen ist. Kein Wunder, dass ich irgendwie überfordert war.

Und das Beste: Es gibt Internet! Endlich kann ich mal die ganzen Mails beantworten, die liegen geblieben sind in den letzten Wochen. Wow, irgendwie fühle ich mich jetzt wieder etwas mehr normal.

Nachdem ich das zweite Mal heiß geduscht habe, beschließe ich doch nochmal in die Stadt zu gehen. Gleich um die Ecke liegt Café Ottoya. Als ich zum ersten Mal hier war vor einigen Wochen, war ich ganz enttäuscht, weil es mir viel zu europäisch war. Jetzt ist es garde genau das, was ich brauche. Europäische Normalität. Ich bestelle mir einen Cappuccino und ein Stück Karottenkuchen und lasse mir ganz viel Zeit damit.

Irgendwann kommt der Kellner und will mich wahrscheinlich fragen, ob ich noch was brauche. Stattdessen sagt er einfach : „You look so happy, nice to see you here. – Du siehst so glücklich aus, schön, dass du hier bist.“

Kurz überlege ich, ob ich einfach die letzten paar Wochen hier in der Hauptstadt bleiben soll. Aber morgen früh geht schon wieder der Bus zum nächsten Abenteuer. Und das will ich ja auch nicht verpassen.

Ich gehe zurück ins Hotel und schlafe wie ein Baby in meinem sauberen King-size Bett.

11. Puerto Viejo

3. Mai 2022

Heute geht die Reise weiter nach Puerto Viejo. Ich habe mich entschieden, den späteren Bus zu nehmen, der Luxus von gutem Kaffee, funktionierendem Internet und guter Musik in dem süßen kleinen Café des Hotels ist zu verlockend. Und ich habe ja keinen Stress. Pura Vida.

Diesen Ausdruck benutzen die Menschen hier für alles. Übersetzt heißt es so viel wie: Alles ist gut, passt schon. Und so ist es ja auch.

Ich muss zugeben, die letzten paar Tage waren echt auch eine Herausforderung. Ganz schön oft bin ich an meine Grenzen gekommen. Aber wie soll man seine Grenzen kennenlernen, wenn man nie darankommt? Dafür ist diese Reise wirklich Gold wert. Ich habe das Gefühl, mir selber so viel näher zu sein. In dem ganzen Trubel zu Hause in Deutschland, ertappe ich mich immer wieder dabei meine Werte und auch meine Grenzen nicht zu respektieren. Noch viel schlimmer, manchmal habe ich das Gefühl, sie gar nicht zu kennen. Und wenn ich so in meinem Umfeld herumschaue, geht es mir da nicht alleine so. Ich muss gerade an Max zurück denken, der bei Leandras Geburtstag von seinem stressigen Tag erzählt hat. Ich glaube nicht, dass da viel Zeit ist, um eigene

Werte zu leben und Grenzen zu respektieren. Dabei ist das doch das Erfolgsrezept fürs Glücklichsein. Damit es mir gut geht, muss ich ja erstmal wissen, was ich dazu brauche, um glücklich zu sein. Und das ist eine Frage die man sich gar nicht oft genug stellen kann. Und es ist auch eine Frage, die man nicht einfach so beantworten kann. Das ändert sich ja auch ständig. Jeden Tag darf ich hier neu einchecken und mich fragen, was brauche ich heute. Manchmal ist es ein neues Abenteuer oder neue Gesprächspartner, aber manchmal ist es einfach ein bisschen Ruhe und ein sauberes Bett.

Dafür ist meine morgendliche Yoga-Praxis so wichtig. Dabei geht es mir gar nicht darum, jeden Morgen schon vorm Frühstück irgendwelche akrobatischen Übungen auf der Matte zu machen. Manchmal sitze ich auch nur zwanzig Minuten da, schließe die Augen und checke ein. Wie fühlt sich mein Körper an, wie fühlt sich meine Atmung heute an, wo habe ich vielleicht Blockaden? Am Anfang habe ich das auch noch super ernst genommen.

Aber hier im Dschungel habe ich gelernt, dass man alles im Leben mit Humor sehen darf. Wenn ich am Strand sitze und versuche tief in Meditation zu versinken, und plötzlich kommt eine Welle und überspült meine Yogamatte und nimmt meine Klamotten mit ins Meer - dann habe ich ja immer noch die Wahl, mich darüber zu ärgern oder einfach zu lächeln und mich zu freuen über die Willkür und Unberechenbarkeit des Lebens.

Heute geht´s mir richtig gut. Und je mehr ich mich damit beschäftige, das Leben einfach zu beobachten, stelle ich auch fest, es ist ein ständiger Wandel. Es gibt gute Tage und nicht so gute Tage. Es gibt Phasen, da ist alles durcheinander und dann gibt´s Phasen da läuft alles nach Plan. Und genau das ist es, was wir brauchen. Die Balance zwischen beidem. Die Balance zwischen Tag und Nacht, zwischen Sonne und Mond, zwischen Luxus und Freiheit, zwischen allem halt.

Ich realisiere, dass das Leben eigentlich nur ein großer Spielplatz ist und wir selbst entscheiden, wie ernst wir dieses Spiel nehmen wollen. Das ist Freiheit.

Die Freiheit, die ich so lange gesucht habe. Und sie war schon die ganze Zeit da. Ich musste nur erst lernen sie zu sehen.

Ich nutze die Zeit im Bus, um die letzten Tage sacken zu lassen. Die Nacht im Hotel hat mir nochmal bewusst gemacht, wie privilegiert wir in Europa doch sind. Ein sauberes Bett, warmes Wasser und eine vernünftige Unterkunft sind dort selbstverständlich.

Auch wenn Costa Rica als das reichste und politisch stabilste Land Lateinamerikas zählt, gelten dennoch 20% der Bevölkerung als arm. 7% davon müssen mit weniger als 1,25 Dollar am Tag auskommen.

1,25 Dollar - dafür kriegt man hier allerdings manchmal nicht mal einen Kaffee.

Und die Fahrt im Bus macht das auch nochmal sehr deutlich. Natürlich könnte ich auch das Touristenshuttle nehmen. Aber ich will das Land von allen Seiten sehen. Als wir nach fünf Stunden Fahrt eine 15 Minuten Pause machen, möchte ich am liebsten jedem und jeder, die an der Station steht eine Kokosnuss abkaufen, weil ich weiß, das ist wahrscheinlich deren einziger Verdienst an diesem Tag. Je mehr wir uns von den Städten entfernen, desto mehr sieht man auch die Armut. Kaum ein Haus ist komplett in Takt, die meisten Bewohner sind zu Hause und liegen in ihren Hängematten auf der Veranda, dabei ist es mitten am Tag. Wenn sie Arbeit hätten, wären sie bestimmt dort. Und dennoch sind die Menschen hier so großzügig und scheinen für alles dankbar zu sein.

Es fällt mir schwer die Ungleichheit auf der Welt zu akzeptieren. Aber ich beschließe, es stattdessen als wertvolle Erfahrung mitzunehmen und nehme mir vor auch offener zu werden und Menschen immer wenn es geht, meine Hilfe anzubieten, unabhängig davon ob ich etwas zurück bekomme.

4. Mai 2022

Puerto Viejo ist ganz anders als der Rest des Landes.

Die Karibik hat anders Essen, andere Musik, andere Stimmung. Meine Unterkunft, ein kleines Häuschen am Playa Negro, ist wunderschön und ich habe das ganze

Haus für mich allein. Und vor allem ist es sauber und der Weg vom Schlafzimmer zum Bad ist komplett unter Dach. Ich muss also wider Erwarten auch hier nicht nachts durch den Regen, um zur Toilette zu gehen. Das sind zwar echt Luxusprobleme, aber ich freue mich gerade sehr darüber.

Die Läden sind bunt und die Cafés noch bunter. Die Strände sind sehr abwechslungsreich. Ein Strand ist schwarz, der nächste weiß, einmal mit Palmen, dann wieder mit Mandelbäumen. Ich fühle mich ein bisschen wie auf Bali. Alle fahren hier mit dem Fahrrad. Also passe ich mich natürlich an und miete mir für die nächsten vier Tage ein Rad.

Heute lerne ich Hanne kennen. Hanne hat ein Luftakrobatik- und Tanz-Studio mitten in der Stadt. Naja Stadt, aber das Dorf ist definitiv größer als Montezuma.

Sie gibt dort drei Mal die Woche Unterricht und lässt mich sofort mittrainieren. Danach lädt sie mich zu sich nach Hause ein. Ich habe ja keine Ahnung was mich da erwartet.

Puerto Viejo ist ziemlich flach, es gibt ein paar Hügelchen, aber nur einen einzigen etwas höheren Hügel. Ganz oben drauf mit spektakulärem Ausblick über den Dschungel und den Ozean steht das Haus von Hanne und ihrer Familie. Früher haben sie es über Air BNB vermietet, aber seit der Pandemie wohnen sie selbst darin. Das Haus ist wunderschön mit einem großen offenen Wohnzimmer und einmaliger Aussicht. Aber das größte Highlight steht im Garten:

Ein fast neun Meter hohes Gerüst aus Bambus mit fünf Aufhängepunkten mit Vertikaltüchern, Seilen und Ringen thront auf der Rasenfläche. Ich bin im Zirkus-Himmel! Wie kann man so was im Garten stehen haben? Neben dem Gerüst direkt am Rande des Dschungels hängt ein Faultier im Baum und ein paar Bäume weiter sehen wir grüne Aras, die gerade dort nisten. Hanne erzählt, es ist die erste Generation, frei nistender Papageien. In Costa Rica waren bis vor zehn Jahren fast alle Aras komplett ausgestorben. Ein Auswilderungsprogramm, dass übers ganze Land geht, setzt die Papageien wieder in die Natur. Schon im Dolphin´s Quest habe ich von diesem Programm gehört. Da waren es rote Aras.

Zurück zum Zirkus-Tempel: Ich habe jetzt echt schon coole Orte gesehen. Aber das übertrifft nun mal alles! Wow! Ich biete Hanne an, ihr alles beizubringen was ich weiß, wenn ich dafür hier trainieren darf.

Und sie stimmt zu. Ich freue mich unglaublich und falle Hanne direkt um den Hals.

8. Mai 2022

Die nächsten Tage verbringe ich mit Hanne in ihrem Zirkus-Garten. Wir trainieren gemeinsam, frühstücken dann bei ihr und jeden Tag zeigt sie mir neue Strände.

Einen Tag muss ich leider aussetzen, eine Lebensmittelvergiftung hält mich im Bett, bzw. in der Nähe das Badezimmers, gefesselt. Es nervt mich zwar extrem, gerade jetzt wo ich doch endlich wieder trainieren kann. Aber wenn das das Schlimmste ist was mir in drei Monaten in Lateinamerika passiert, dann ist das völlig okay. Ich entscheide deshalb lieber noch ein paar Tage länger in Puerto Viejo zu bleiben und mit Hanne zu trainieren.

Genau wie alle anderen, die ich hier kennen gelernt habe, hat auch Hanne viele Talente gleichzeitig. Sie hat Business Marketing studiert und ist therapeutische Masseuse. Gleichzeitig leitet sie ja noch ihr Tanzstudio. Um hier zu überleben, braucht sie alle drei Jobs. Obwohl ihr Job als Zirkustrainerin doch vor allem ihre Leidenschaft ist. Davon leben kann man hier nicht wirklich. „Aber so ist das Leben. Pura Vida", sagt sie.

Ich bewundere die Menschen hier für ihre Einstellung. Viele haben es nicht leicht, vor allem seit der Pandemie gibt es noch viel weniger Möglichkeiten. Aber alle halten hier unglaublich zusammen und lassen sich einfach nicht so schnell unterkriegen. Dann machen sie halt mehrere

Dinge. Aber Zeit, um mit Freunden zum Strand zu gehen, finden sie immer. Das Leben zu genießen, steht an erster Stelle!

Ich bin so froh, dass ich noch etwas länger geblieben bin. Heute fahre ich mit Hanne, ihrem Freund Alejandro und deren Hund zum Playa Grande. Wir fahren mit dem Pick - up. Ich und der Hund sitzen hinten auf der Ladefläche. Einfach herrlich, hier durch den Dschungel zu fahren, rechts von uns die atemberaubendsten Bäume, links von uns das Meer.

Playa Grande ist komplett weiß – im Gegenteil zum schwarzen Playa Negro in der Stadt. Es ist Sonntag, deshalb ist der Strand belebt. Wir treffen Hannes Schwester und Mutter dort. Es dauert nicht lange, da packt Alejandro seinen Kite aus. Ich denke erst: „Was will er denn jetzt machen, Drachen steigen lassen?" Wir helfen alle zusammen, um die vielen Fäden zu entwirren und dann geht´s los. An vier Leinen, die an zwei Lenkbügeln zusammenkommen, wird der Kite festgehalten. Alejandro erklärt uns: „Später dann beim Kite-Surfen, hat man einen Gurt um die Hüfte, aber zum Üben nehmen wir die Bügel in die Hand." Wir bleiben am Strand, etwa knietief im Wasser und sobald der Drachen erst mal in der Luft ist, geht es ganz schön ab. Alejandro ist ein leidenschaftlicher Lehrer und erklärt uns, wie wir die Bügel lenken sollen, damit der Kite in einer gleichmäßigen Acht über den Himmel saust. Es sieht ganz einfach aus, wenn er das macht, aber er hat ja auch zwanzig Jahre Erfahrung. Hanne probiert zuerst. Alejandro hilft ihr beim Lenken, aber der Wind ist unglaublich stark und es erfordert ganz schön viel Einfühlungsvermögen, sich an die Energien in der Luft anzupassen. Dann probiert Hannes Mutter und schließlich ich. Das werd ich doch wohl hinkriegen! Und zack landet der Drachen auch schon im Meer. Okay, ganz so einfach ist das nicht. Aber Alejandro gibt nicht auf. Er gibt mir Ratschläge und bleibt aufmerksam bei meinen Armbewegungen und irgendwann habe ich es raus. Es ist wie bei allem im Leben. Als ich aufgehört habe zu versuchen, den Drachen zu kontrollieren, habe ich plötzlich verstanden, wie es funktioniert. Man muss ganz aufmerksam sein und den Wind spüren, dann ist es gar nicht mehr so schwer.

Zu lernen mit dem Wind zu gehen, macht mir riesig Spaß. Das hat ganz schön viele Parallelen zur Luftakrobatik. Da muss man auch lernen, den richtigen Moment abzupassen und dann zu reagieren und mit dem Flow gehen.

Ich will gar nicht mehr aufhören. Alejandro zeigt mir immer mehr Tricks und auch wenn ich mittlerweile komplett nass geschwitzt bin, weiß ich: Das möchte ich unbedingt wieder probieren. Alejandro rät mir noch zwei bis drei Sessions zu machen und dann mit dem Kite-Surfen anzufangen. Na, da hab ich ja wieder was entdeckt.

Anschließend fahren wir noch zum Fluss. Ein herrliches Fleckchen. Der Fluss mündet direkt ins Meer, ist aber im Schatten der Bäume. Das Wasser ist frisch und kühl und eine wunderbare Abkühlung nach dem schweißtreibenden Kite-Erlebnis. In der Karibik gibt es außerdem auch keine Krokodile. Das erleichtert mich wirklich.

Hanne und ich verabreden uns noch zum Training im Sonnenuntergang, und dann geht schon wieder ein wundervoller Tag zu Ende.

Die Zeit vergeht einfach wie im Flug.

9. Mai 2022

Heute ist nun tatsächlich mein letzter Tag in Puerto Viejo. Seit gestern habe ich eine Mitbewohnerin in meiner Unterkunft. Sie heißt Maria und kommt aus Finnland. Sie schreibt gerade ihre Masterarbeit und ist dafür nach Costa Rica gekommen. „In der Kälte kann ich nicht lernen“, sagt sie.

Aber wirklich zum Büffeln kommt sie hier auch nicht. Genau wie ich ist sie seit zwei Monaten hier. „Es gibt einfach immer wieder was zu entdecken“, schwärmt Maria. Wie wahr. Sie erzählt, dass sie hier ihre erste Yoga-Stunde gemacht hat und begeistert davon ist. Da fällt mir wieder ein, dass ich ja auch deshalb hier hergekommen bin. Ich mache immer noch brav meine Morgenroutine, aber mir wird bewusst, dass ich meine Meditation und vor allem den Austausch mit anderen Yogis ganz schön vermisst habe. Was für ein schöner Zufall also, dass Maria das Thema wieder anschneidet. Zufall – so etwas gibt es nicht, davon bin ich mittlerweile fest überzeugt.

Maria erzählt von ihren Erfahrungen im Yoga, dass sie in der Endentspannung diese unglaublich Wärme und Ruhe spürt. Ich erzähle ihr ein bisschen über meine Ausbildung, und alles was ich gelernt habe. Maria ist begeistert, dass es Yoga tatsächlich schon seit tausenden Jahren gibt und dass der eigentliche Hintergrund ist, unseren Geist zu beruhigen. Das mit den „fancy Übungen auf der Matte“ kam erst viel später. „Aber das macht auch Sinn. Die Menschen sind in den letzten 100 Jahren so richtig hektisch geworden. Um unser busy Monkeymind erstmal zu erreichen, ist doch klar, dass wir erst Mal den Körper beruhigen sollen.“ sagt Maria. Wie recht sie hat.

Hanne arbeitet heute im Spa, also gehe ich allein auf Entdeckungsreise. Ich habe ja immer noch mein Fahrrad und damit ich sie nicht ganz umsonst mit nach Costa Rica geschleppt habe, nehme ich mal meinen Schnorchel und meine Taucherbrille mit.

Das lohnt sich auch direkt. Ich fahre nach Punta Uva, den Aussichtspunkt. Dort ist eine kleine Bucht, in der das Meer ruhiger ist und ein Riff direkt in Küstennähe. Ich parke mein Fahrrad und versuche mein Glück. Ich muss keine zwei Meter rausschwimmen, da entdecke ich schon die ersten bunten Fische im Wasser. Schnorcheln hat etwas ganz besonders Meditatives für mich. Sobald mein Kopf unter Wasser ist, höre ich nur noch die Geräusche des Wassers, den eigenen Atem und ich vergesse komplett die Zeit, wenn ich den Fischen bei ihren alltäglichen Beschäftigungen zusehe. Die Strömung treibt mich zwar ganz schön hin und her, aber es ist nirgendwo so tief, dass ich nicht stehen könnte. Am meisten faszinieren mich die Korallen. Ich habe schon einige Riffe gesehen, aber noch nie eins, das komplett in Takt ist. Keine einzige Koralle hat hier ihre Farbe verloren, sie sind alle am Leben.

Nicht umsonst schickt Costa Rica ein Mal pro Woche einen Reinigungstrupp an alle Strände des Landes. An jeder zweiten Palme hängt ein Schild: „Der schönste Strand ist ein Strand ohne Müll.“ Ich wünsche mir, dass die ganze Welt irgendwann dieses Wertschätzung gegenüber der Natur bekommt.

Ich schwinge mich wieder auf mein Fahrrad und fahre die Küste entlang. Zumindest einen Teil - den anderen Teil schiebe ich das Fahrrad durch den tiefen Sand. Aber das ist auch okay. Irgendwann gönne ich mir einen Kaffee und fahre wieder zurück und packe meine Sachen, denn morgen geht es weiter nach San José.

Abends gehe ich mit Hanne noch ins Restaurant. Sie zeigt mir das leckerste Lokal der Stadt. Ein Italiener. Ich habe das Gefühl, plötzlich in Sizilien zu sein. Die Antipasti, die Pizzen und der Rotwein schmecken einfach großartig. Wir lachen viel und fantasieren, was wir in Zukunft für gemeinsame Projekte auf die Beine stellen sollen. Hanne und ich sind uns einig: Wir haben uns nicht zufällig kennengelernt und uns ganz bestimmt nicht zum letzten Mal gesehen.

(Schon 2 Monate später treffen wir eine Vereinbarung, im Sommer darauf unser erstes gemeinsames Luftakrobatik Retreat in Hannes Zirkus Paradies zu geben.)

Nach dem Essen gehen wir noch in eine Bar, die einzige Bar mit Live-Shows und so sehen wir sogar noch eine kleine Zirkus Show. Es erfüllt mich mit großer Freude und auch Demut, zu sehen, wie die Künstler alles geben, um die Zuschauer zu begeistern. Wie wundervoll, was wir Menschen uns alles ausgedacht haben, wie man einen Körper benutzen kann.

12. San José

10. Mai 2022

Ich habe mich dazu entschlossen, den späteren Bus zu nehmen, damit ich ausschlafen kann. Aber daraus wird nix. Die Affen sind trotzdem um 4:30 wach und begrüßen sich lauthals. Sie heißen ja auch nicht umsonst Brüll-Affen. Ich freue mich über die extra Zeit und mache noch einen langen Spaziergang am Strand und verabschiede mich von Puerto Viejo. Ich habe das Gefühl, schon bald wieder hier her zurückzukommen.

Ein Tuk-Tuk holt mich ab und bringt mich zur Busstation. Der Bus ist übervoll, ich bekomme gerade noch einen Sitzplatz. Es ist unglaublich heiß und eng. Diesmal kann ich mich überhaupt nicht auf der Fahrt entspannen. Zu viel geht mir durch den Kopf. Die wunderschönen Strände hier, die Bekanntschaft mit Hanne, die gemeinsamen Trainingsstunden, aber auch die überall deutlich sichtbaren Probleme mit Alkohol und Drogen in diesem Land. Die schlecht ausgebauten Straßen und zum Teil schwierigen Bildungschancen für Jugendliche hier. Gleichzeitig die steigenden Preise durch die vielen Ausländer und Touristen, die ins Land ziehen.

Dann denke ich wieder an all die unterschiedlichen Menschen, die ich bisher auf meiner Reise kennengelernt habe. Irgendwann schaffe ich es doch meine Augen in diesem rütteligen Bus kurz zu zumachen.

In San José angekommen, bin ich ganz schön kaputt. Eigentlich will ich nur in die nächste Unterkunft, was auch immer mich da erwartet. Ich bin ja jetzt auf einiges vorbereitet. Ich springe ins nächste Taxi, gebe dem Fahrer die Adresse und lehne mich zurück.

Aber darauf war ich dann doch nicht vorbereitet. Nach dem mich der Taxifahrer an den Los Yoses Torres absetzt, wo ich die nächsten Nächte verbringen werde, holt mich Carl, der Host, ab und nimmt direkt meinen Koffer.

Das habe ich hier auch noch nicht erlebt. Wir sind am Eingang eines riesigen Hochhauses. Ich wusste, ich habe ein „City- Apartment" gebucht, aber so genau hab ich mir das auch nicht angesehen.

Carl zeigt mir alles, die Tiefgarage, den Fitnessraum, die Swimming Pools (ja es gibt mehrere!), den Konferenzraum, das Bewegungsstudio und die Dachterrasse im 17. Stock. Ich glaube ich bin im falschen Film, nachdem ich jetzt vier Wochen in Hütten und kleinen Hotelzimmern ohne Wände geschlafen habe, bin ich völlig überwältigt. Carl ist sichtlich stolz auf seine Wohnungen und das zurecht. Dann zeigt er mir endlich mein Studio. Wir fahren mit einem der Aufzüge in den 14. Stock und er gibt mir Sicherheitscode und Sicherheitskarte für das Schloss.

Als die Tür aufgeht, traue ich meinen Augen kaum! Das Studio ist nigel-nagel-neu und hat eine komplette

Glasfront. Vom Bett aus sehe ich gerade die Sonne hinter den Bergen der Stadt untergehen. Obwohl das Studio aus nur einem Raum besteht, habe ich zwei große Fernsehbildschirme. Carl erzählt mir, ich bin erst die zweite Person, die überhaupt in dieser Wohnung schläft. Das Gebäude wurde erst vor 2 Monaten fertig gestellt. Wow, das sieht man auch. Er gibt mir noch eine Packung Kaffee, Schokolade und eine Flasche Wein gratis dazu.

Die Dusche hat heißes Wasser und als ich sehe, dass die Wohnung über eine eigene Waschmaschine und einen Trockner verfügt, falle ich Carl um den Hals.

Damit habe ich gar nicht mehr gerechnet, dass ich meine Sachen nochmal waschen kann, bevor ich nach Hause fliege.

Ich bin völlig überwältigt.

Darauf war ich nicht vorbereitet. Sobald Carl weg ist, mache ich mir Musik an, tanze mit einem Glas Wein über den Balkon und genieße das Panorama der Stadt aus dem 14. Stock.

Ich werde unglaublich dankbar, für das was ich habe und merke erst jetzt wieder richtig, was für ein Luxus es ist, ein sauberes Bett, eine warme Dusche und eine Waschmaschine zu haben.

Eine Waschmaschine!

11. Mai 2022

Diesmal wache ich nicht vom Gebrüll der Affen auf, sondern vom Verkehrslärm und dem ständigen Hupen. Aber ich liebe es.

Nach der zweiten heißen Dusche und dem dritten Kaffee ruft mich Antonia an, meine Lehrerin aus der Yoga-Ausbildung.

Sie wohnt auch in San José und schon lange haben wir ausgemacht, sobald ich in der Hauptstadt bin, sehen wir uns wieder.

Perfektes Timing! So können wir gleich meinen 32. Geburtstag feiern, der ist nämlich heute.

Und wie sollten Yogis das anders machen als mit einer gemeinsamen Yoga-Stunde. Antonia bringt mich zu ihrem Lieblingslehrer in der Stadt und da erwartet mich schon die nächste Überraschung: Katelyn ist auch da! Meine Güte, diese zauberhafte Frau ist noch viel hübscher geworden, seit ich sie das letzte Mal gesehen habe und wir zusammen in der Dolphin´s Quest mit Delfinen geschwommen sind.

Es ist definitiv die komplizierteste Yoga-Stunde meines Lebens. Einerseits liegt das sicher daran, dass meine Yoga-Praxis in den letzten Wochen doch eher durcheinander war. Andererseits liegt das auch an Carlos. Der unglaublich lange und schlaksige Yoga-Lehrer verbiegt sich scheinbar mühelos in alle möglichen Formen, die selbst für mich unmöglich sind. Während er da so auf einer Hand balanciert und sich mit der linken Zehe hinter dem Ohr kratzt, reißt er auch noch Witze. Ich gebe trotzdem mein Bestes und freue mich einfach unglaublich wieder gemeinsam mit meinen Yogi-Ladies aus Pavones auf der Matte zu sein.

Danach gehen wir noch Essen. Natürlich vegan, lokal und super lecker. Wir erzählen uns von den Erlebnissen der letzten Wochen und Antonia lässt es sich nicht nehmen uns dann noch ein bisschen in der Stadt herumzuführen.

Am späten Nachmittag komme ich wieder in mein feines Apartment zurück und überlege kurz ob ich den Rest der Weinflasche auch noch leeren soll - zur Feier des Tages. Aber ich entscheide mich anders. Der Tag hat ja noch genug Stunden, um mindestens eine Trainingssession hinzukriegen. Und wie es der Zufall so will, gibt es heute Abend einen Luftring-Kurs in einer kleinen lokalen Schule, ganz in der Nähe.

Dort sind nur Einheimische und ich verstehe kein Wort. Kann aber auch dran liegen, dass ich einfach mittlerweile ziemlich viel Input hatte an dem Tag. Dass es mein Geburtstag ist, habe ich schon wieder ganz vergessen.

Ich lerne einige neue Tricks und merke, dass meine Hände schon einige Zeit lang keinen Ring mehr festgehalten haben. Aber es macht unglaublich viel Spaß.

Fabio unser Trainer hat eine sehr angenehme Art und gibt sich alle Mühe mir durch Gesten und Zeichen zu erklären, was ich machen sollte.

Ich habe keine Ahnung was er über mich denkt, denn ich strahle ihn einfach nur an. Aber es ist mir eigentlich auch ziemlich egal, denn ich habe gerade mal wieder die beste Zeit meines Lebens.

Um 21:30 ist die Stunde zu Ende und Fabio erklärt mir noch ich sollte auf keinen Fall allein nachts durch die Stadt nach Hause gehen. Ich höre ihn noch so halb und laufe einfach los. Meine Euphorie und die positiven Emotionen dieses Tages scheinen mich sowieso wie ein Super-Schutzschild zu beschützen. Und nach zwanzig Minuten bin ich auch schon da.

Ich lege mich in mein King-Size Bett und schaue mir den Sternenhimmel durch die Fenster-Front an. Glücklich schlafe ich ein.

14. Mai 2022

Heute bin ich im Schmetterlings-Museum eingeladen. Dort gibt es auch eine Zirkus-Schule. Die Besitzerin wurde durch den Workshop, den ich in Uvita gegeben habe, auf mich aufmerksam und hat mich vor einiger Zeit kontaktiert.

Sonja ist eine wundervolle Dame. Die Mitte-60-Jährige begrüßt mich in ihrer bunten Latzhose und Gummistiefeln in ihrem Schmetterlingsgarten. Der Garten ist komplett mit einem Netz überdacht, damit die wunderschönen Tiere nicht davonfliegen. Auf den ersten Blick sehe ich sie gar nicht. Aber als ich erstmal durch das Eingangstor hindurch bin, entdecke ich die riesigen königsblau schimmernden Morphos überall. Die Natur ist einfach einmalig. Diese Tiere sind die schönsten Kreaturen, die es gibt. Je nachdem in welchem Winkel die Sonne auf die Flügel scheint sind sie entweder blau, regenbogenfarben oder silber.

Vor lauter Schmetterlingen habe ich schon wieder fast vergessen, warum ich hier bin.

Sonja möchte, dass ich einen Workshop für ihre Community gebe. Sie hat 40 Jahre in einem sozialen Zirkusprojekt im inneren des Landes gearbeitet und ist jetzt mit ihrer Pensionierung in die Hauptstadt gezogen, um hier die Schmetterlingsfarm zu gründen. Aber die Arbeit mit Menschen und vor allem mit jungen Zirkus-Künstlern fehlt ihr sehr. Den Abstellraum des alten Wohnhauses hat sie kurzerhand in ein Trainingsstudio umgewandelt. Hoch genug ist es, und da ich mein Seil sowieso immer dabei habe, hängen wir das gleich mal auf. Ich bin ja nur noch ein paar Tage im Land, also müssen wir schnell was organisieren. Aber Sonja ist da ziemlich auf zack und so wird der Workshop direkt für den nächsten Morgen angesetzt.

Da bin ich ja mal gespannt. Ich weiß gar nicht, ob ich überhaupt hier was besonderes zeigen kann. Das Level der Luftartisten hier in San José ist ziemlich hoch wie ich in den letzten Tagen festgestellt habe. Aber ich lasse mich einfach mal überraschen.

15. Mai 2022

Irgendwie hat es Sonja geschafft, in einem Tag drei junge Frauen zusammenzutrommeln, die jetzt auch alle motiviert und bereit für den Workshop um zehn Uhr morgens am Eingang der Schmetterlingsfarm bereit stehen.

Einziges Problem: Keine von ihnen spricht auch nur ein Wort Englisch. Uff.... Na gut, dann versuche ich halt mal mein bestes mit Spanisch. Sowas wie „Manos arriva, ahora respiro – Hände nach oben und jetzt atmen." Kriege ich schon hin und wir kommunizieren ja sowieso hauptsächlich über Körpersprache.

Der Workshop geht drei Stunden lang und die drei Artistinnen und ich verstehen uns immer besser. Vertikalseil haben sie noch nie ausprobiert, aber ich merke schnell, dass sie ebenso fasziniert von diesem Requisit sind, wie ich. Wir probieren viele Sachen aus, lachen viel und auch mit meinem Spanisch fühle ich mich immer wohler und wohler.

Die Damen bedanken sich bei mir und auch Sonja hat am Ende ein Strahlen im Gesicht.

Ich hatte wieder einen wunderschönen Tag, und habe neue Leute kennengelernt. Auch wenn ich in diesem Land, nie weiß, wie der nächste Tag aussieht, wurde ich bisher nie enttäuscht. Keine Ahnung, wo diese Verbindungen immer alle herkommen, aber ich lerne mehr und mehr aufs Leben zu vertrauen. Pläne schmieden ist hier nur bedingt hilfreich. Ein offenes Herz und die Fähigkeit, sich auf die Leute einzulassen ist alles was ich hier brauche.

Ich fühle mich gut. Das Einzige, was manchmal in meinem Hinterkopf für ein Gefühl der Beklemmung sorgt, ist der Gedanke: „Wie soll ich mich jemals wieder in Deutschland zurechtfinden?" Aber auch das wird sich zeigen. Ich bin schon ganz gespannt, wie ich durch all diese neuen Erfahrungen die Welt zu Hause neu wahrnehmen werde.

19. Mai 2022

Meine letzten Tage hier in Costa Rica vergehen wie im Flug. Ich gehe regelmäßig zu Yoga-Klassen und besuche so viele Luftartistik Studios wie möglich.

Ich gehe immer wieder zu Carinas Vertikaltuchstunden in das Studio, wo ich schon bei Ankunft in Costa Rica im März war. Wir verstehen uns super und ich lerne so viel von ihr. Ganz spontan fragt sich mich auch noch, ob ich dort einen Workshop geben will und natürlich sage ich ja, zu einer weiteren Möglichkeit meine Leidenschaft in der Luft zu teilen. Glücklicherweise sprechen diesmal alle Teilnehmer perfektes Englisch.

Ich lerne wieder viele neue Menschen kennen, darunter auch Vane, eine unglaublich begabte Tänzerin und Mutter, mit der ich zusammen trainiere. Ich freunde mich mit dem Mann vom Obst- und Gemüsestand an und schon nach wenigen Tagen, weiß er ganz genau was ich kaufen möchte, und schenkt mir immer noch eine Ananas dazu.

Ich versuche alles noch aufzusaugen so gut ich kann, ich möchte gar nicht, dass die Zeit vergeht.

21. Mai 2022

Antonia, meine Lehrerein aus der Yoga Ausbildung, hat mich eingeladen heute die Abschlussprojekte ihrer Schüler aus ihrem spanischen Yoga-Lehrer-Kurs zu besuchen.

Natürlich komme ich da mit! Sie holt mich morgens um acht Uhr ab und zusammen fahren wir in die Berge in den

„Pura-Vida-Spa". Das Resort bietet eine spektakuläre Aussicht auf die Stadt und die dahinterliegenden Berge und ist voll von unterschiedlichen Pflanzen und Bäumen. Wie nah man dem Dschungel hier doch immer ist.

Wir bereiten den großen Yoga-Raum vor, denn bald kommen die Absolventen und wir wollen, dass sie sich rund um wohl fühlen. Wir breiten die Yoga-Matten aus, zünden Räucherstäbchen an und sammeln Blätter und Blüten um den Raum zu dekorieren.

Da trudeln die ersten auch schon ein. Natürlich zehn Minuten später als der eigentliche Beginn der Zeremonie, aber immerhin sind wir in Costa Rica und daran habe ich mich mittlerweile gewöhnt. Pura Vida.

Vier Projekte werden heute vorgestellt. Alles auf spanisch und in einem Tempo, dass ich sowieso nur die Hälfte verstehe. Aber die Energie kommt an und der Unterricht ist auf Sanskrit. Also weiß ich zumindest, wovon sie sprechen.

Lauren stellt ihr Projekt zuerst vor. Sie möchte Yoga für Paare anbieten und hat auch schon ein wunderschönes Resort in Puerto Viejo gefunden, dass mit ihr kooperieren will.

Sandy stellt uns Ihr geplantes Studio für Yoga für Kinder und Senioren in Heredia vor.

Lillit arbeitet in einer großen Firma und möchte Yoga für Schreibtisch-Sitzer in der Firma etablieren.

Marvels Projekt finde ich persönlich am spannendsten. Er ist Arzt und Physiotherapeut und möchte Studien betreiben, die aufzeigen, in wie Yoga und Achtsamkeit die gleichen Ergebnisse wie Pharmazeutika und Medikamente haben können.

Seine Yoga-Kurse richten sich vor allem an seine Patienten, die meistens nicht viel mit Spiritualität am Hut haben, aber wahrscheinlich gerade am meisten davon brauchen.

Wir essen gemeinsam zu Mittag und Antonia bringt mich dann abends wieder zurück nach San Pedro in meinen Tower. Sie ist hier in dem Viertel aufgewachsen.

Wir verabreden uns, uns schon bald in Europa wieder zu sehen.

22. Mai 2022

Ich kann es gar nicht glauben, aber es ist mein vorletzter Tag der Reise. Die drei Monate waren eine magische Zeit. Eine gute Gelegenheit, um nochmal zurückzublicken.

Was habe ich alles erlebt und gelernt?

Angefangen hat es mit drei tollen Tagen hier in San José. Dann die fünf Wochen Yoga-Ausbildung. Um ehrlich zu sein, habe ich dort viel mehr übers Leben und über mich selbst gelernt als über Yoga. Yoga mache ich ja sowieso schon die ganze Zeit.

Dann die ganzen unterschiedlichen Orte mit ihren unterschiedlichen Menschen und Energien.

Uvita - wo ich meine Schuhe im Meer verloren habe.

Airborne Arts - das Zirkusparadies im Dschungel.

Quepos – wo ich mit dem nackten CostaRicaner im Meer saß.

Montezuma - wo plötzlich alles Kopf stand und ich ab und zu dachte, meinen Verstand zu verlieren.

Dann eine Nacht in San José - wo ich den Comfort eines sauberen Bettes wieder zu schätzen lernte.

Puerto Viejo – die wunderschöne Natur und die tollen Trainingsstunden mit Hanne.

Und dann die unterschiedlichsten Facetten von San José - die Kurse, die Menschen, Yoga, die Stadt.

Ich habe mich schon lange nicht mehr so lebendig gefühlt wie die letzten drei Monate und bin schon sehr neugierig wie viel davon ich mit nach Hause nehmen kann.

Ein Ziel für alle meine zukünftigen Projekte und Vorhaben habe ich mir gesetzt: Wenn es mich und die Menschen um mich herum nicht glücklich macht, dann will ich es nicht machen.

Ich beschließe heute Abend noch ins Theater zu gehen. Das National Theater San José soll eins der schönsten Gebäude hier in Costa Rica sein, und außerdem hat dieses Wochenende ein neues Stück der „Compagnia nacionale de danza de Costa Rica" Premiere mit dem ersten öffentlichen Stück seit Beginn der Pandemie. Das muss ich natürlich sehen.

Ein Theater Outfit habe ich allerdings nicht dabei. Ist auch egal, denn ich gehe ja allein hin. Aber dass man hier nie lange irgendwo allein ist, müsste ich ja mittlerweile wissen.

Als ich am Theater ankomme, ruft mir Vane schon von Weitem zu.

Natürlich lässt sie sich den Abend auch nicht entgehen. Prompt treffen wir auch auf eine Teilnehmerin aus meinem Workshop letzte Woche bei Sonja. Vane stellt mir dann noch Zoe vor, eine kanadische Choreographin und plötzlich bin ich mit einer Gruppe von zwölf anderen Künstlern im Theater.

Alle bemühen sich mir durcheinander die Geschichte des Theaters zu erzählen. Ich verstehe nur so viel, dass es ein Geschenk aus Europa ist und dem Theater in Paris nachgebaut ist. Es ist wirklich ein schönes Haus mit großartigen Deckenmalereien, hohen Rängen und eindrucksvollem Kronleuchter.

Das Stück fängt an und wir tauchen ganz in die Choreographie ein. Ich bin erstaunt über das Ensemble. Doch Vane erklärt mir später, dass die Stelle der Tänzer im Nationalensemble einer der sichersten Jobs im Land ist. Wenn man mal drin ist, gilt man als Beamter und kann auch nicht gekündigt werden. Das erklärt, warum die meisten der Darsteller bereits weit über 50 sind. Nichts desto trotz glänzen sie mit trainierten Körpern und präziser Technik. Das Stück an sich gefällt mir zwar nicht - viel zu europäisch. Aber der ganze Abend ist dennoch mehr als gelungen. Wir gehen alle noch in eine Bar und essen und lachen viel.

Obwohl wir alle in unterschiedlichen Teilen der Stadt wohnen, teilen wir ein Taxi nach Hause. Der Taxifahrer fährt quasi einmal im Kreis um die ganze Stadt. Aber auch der scheint sichtlich seinen Spaß mit uns zu haben.

Vane verabschiedet sich von mir und wir freuen uns jetzt schon, uns im nächsten Jahr wieder zu sehen.

In meinem Apartment zurück, genieße ich nochmal den Ausblick auf die Lichter der Stadt und kann noch immer nicht glauben, dass heute mein letzter Abend hier sein soll.

24. Mai 2022

Heute morgen wache ich zum ersten mal viel später als Sonnenaufgang auf. Mein System scheint sich schon wieder auf Europa vorzubereiten. Naja. Ich packe meinen Koffer und fahre noch ein letztes Mal in den 17. Stock um auf der Dachterrasse mein morgendliches Yoga zu machen.

Der Verkehr in San José ist so laut wie immer. Es wird gehupt, gerast und zwischendrin auch gebrüllt. So komisch es klingt, aber ich werde diese Hintergrundkulisse aus Lärm, Aussicht und Wirr-Warr ganz schön vermissen.

Das Taxi holt mich ab und ich fahre zu Katelyn. Meine letzte Nacht verbringe ich bei ihr, denn sie wohnt ganz nah am Flughafen. Wir essen, machen gemeinsam Yoga und unterhalten uns über die letzten drei Monate. Katelyn will mich unbedingt in Deutschland besuchen. Wir machen schon Pläne, wann wir uns wiedersehen.

Ich fühle mich zu ihr so verbunden, als würde ich sie schon mein ganzes Leben kennen. Dabei sind es gerade mal ein paar Wochen.

Die Gemeinschaft aus mutigen, tatkräftigen, aber auch wirklich unkomplizierten und flexiblen Frauen, in die ich hier hineingefallen bin, ist etwas ganz Besonderes.

Auch wenn ich innerlich ein bisschen Schiss davor habe, wieder zurück nach Deutschland zu kehren, fühle ich mich gut vorbereitet auf alle neuen Herausforderungen, die auf mich warten. Immerhin weiß ich ja jetzt, dass nicht immer alles so funktionieren muss, wie ich das plane. Meistens ist es sogar anders besser. Solang ich mein Herz offen lasse für alles, was kommt, wird das schon klappen.

Pura Vida eben 😉

Danke

Mein größter Dank gilt dem Leben selbst.

Aber vor allem auch den vielen inspirierenden Menschen, die ich auf dieser Reise kennengelernt habe. Jede und jeder einzelne von ihnen, hat diese Reise zu etwas ganz besonderem gemacht und mich ein Stückchen näher zu mir selbst gebracht.

Danke an all die Lehrer und Inspirierenden, die ich auf dieser Reise und auch schon davor kennen gelernt habe und die mir den Mut und das Vertrauen geben, auf dem richtigen Weg zu sein.

Ein großer Dank geht auch an meine Familie, die mir schon als Jugendliche ermöglicht hat, meiner Abenteuerlust zu folgen und mir Flügel und Wurzeln geschenkt hat, mich frei zu entfalten.

Auch bei meinen Freunden und Freundinnen möchte ich mich ganz unglaublich bedanken. Dafür, dass sie mir immer zuhören und mir helfen, mich selbst besser zu verstehen und alle meine Ideen und Vorhaben, so verrückt sie auch oft sind, mit Rat und unglaublicher Feinfühligkeit unterstützen.

Julia gibt Retreats, Trainings und Privatstunden für Luftartisten, Kreative und Bewegungsliebhaber in Deutschland, Europa und natürlich in Costa Rica.

Infos unter:
www.julia-torggler.com

ISBN 978-3-7584-2746-6
9 783758 427466 00002
www.epubli.com